A Interpretação Social
da Revolução Francesa

COLEÇÃO JUBILEU

Bicentenário da Revolução Francesa

Alfred Cobban

A Interpretação Social da Revolução Francesa

Tradução:
André Luiz Barros da Silva

Revisão Técnica:
Antonio Monteiro Guimarães Filho

Jorge Zahar Editor
Rio de Janeiro

Título original:
The Social Interpretation of the French Revolution

Tradução autorizada da reimpressão da edição inglesa publicada em 1987 por Cambridge University Press, da Inglaterra

Jorge Zahar Editor Ltda.
rua México 31 sobreloja
20031 Rio de Janeiro, RJ

(Edição para o Brasil)

Capa: Gustavo Meyer; ilustração: François Gérard, *O povo francês reivindicando a destituição do tirano na jornada do 10 de agosto.* Museu do Louvre.

Impressão: Tavares e Tristão Ltda.

ISBN: 0-521-09548-4 (ed. orig.)
ISBN: 85-7110-091-8 (JZE, RJ)

Sumário

Prefácio

É de se esperar que este livro comece com a expressão do agradecimento do autor ao criador das Palestras Wiles, ao vice-reitor da Queen's University, de Belfast, e ao professor Michael Roberts e seus colaboradores, tanto pelo convite para proferir as palestras como por tudo que as transformou numa ocasião tão agradável para o conferencista. Devo igualmente agradecer a meus amigos, também estudiosos da história da Revolução Francesa, que me deram a honra de assistir às palestras e discuti-las comigo em seguida.

A intenção do criador das Palestras Wiles, segundo entendo, não foi favorecer a pesquisa minuciosa, mas promover a reflexão sobre os problemas sociais. Em minhas palestras, e no livro que nelas se baseia, tentei satisfazer essa exigência, ao mesmo tempo que reconhecia os riscos que ela acarretava, estando em primeiro lugar, destinada a ser em alguns aspectos, uma atividade crítica. A pesquisa histórica pode ser feita — e talvez comumente o seja — dentro dos limites de um modelo consagrado. A reflexão sobre a história encerra a possibilidade e o desejo de mudar o modelo. Quando, como no caso da Revolução Francesa, trata-se de um modelo estabelecido, consolidado por uma série de grandes historiadores, com implicações históricas aceitas de longa data, qualquer tentativa de contestá-lo tem toda a probabilidade de sofrer uma resistência automática e peremptória. E a resistência será ainda maior, se ficar patente que uma fórmula que parecia explicar satisfatoriamente a Revolução está sendo descartada, sem que nenhuma outra seja criada para substituí-la. Receio que seja o que estou fazendo. Na verdade, seria apostar no próprio fracasso se eu simplesmente tentasse substituir um dogma por outro.

As opiniões positivas que expressei são totalmente hipotéticas. Representam o que o conjunto de dados — ou melhor, a parte desse conjunto que consegui examinar — parece indicar. Estou bastante consciente de que não cheguei perto de esgotar nem mesmo as fontes publicadas disponíveis. Há ainda um grande número de estudos locais, nas admiráveis revistas históricas da França, que podem lançar uma luz importante sobre as questões gerais, mas que os historiadores, talvez com a ilusão de que qualquer documento inédito — mesmo sem importância — constitui fonte histórica mais valiosa do que qualquer publicação — mesmo importante —, têm optado por omitir. Não tentei fazer um estudo exaustivo de cada aspecto particular da Revolução. Estou mesmo disposto a admitir que, em mais de um ponto, os exemplos que consegui apresentar não foram representativos e me desviaram do caminho. Meu objetivo foi examinar as bases gerais da história revolucionária e, a partir delas, propor a necessidade de uma nova abordagem. Limitei-me aos problemas sociais porque, ao que me parece, esses são os de maior importância no estado atual da historiografia.

Finalmente, não se pode criticar uma interpretação histórica sem criticar publicamente os historiadores que a sustentaram. Se fui levado algumas vezes a discordar da interpretação de um grande historiador como Georges Lefebvre, ou da de historiadores como — para citar apenas dois — M. Bouloiseau e M. Soboul, por cujas obras tenho enorme respeito, isso de nenhum modo significa que deixei de reconhecer o valor dessas interpretações. Em particular, é óbvio, para qualquer leitor, que, sem o trabalho de Lefebvre, o presente livro estaria bastante empobrecido. Se discordei de algumas de suas interpretações, isso se deu geralmente a partir do conjunto de evidências apresentado por ele. Isso, receio, talvez não lhe dê prazer, mas não deixa de ser um testemunho a seu favor.

University College, Londres A. C.
Janeiro de 1963

Referências

Os títulos completos dos livros e artigos são dados a primeira vez que cada um aparece nas notas. Para as referências aos títulos completos, abaixo abreviados, ver as respectivas páginas mencionadas entre colchetes.

L'ancien moniteur [146].
AULARD, *La Révolution française et le régime féodal* [145].
BIGO, *Les bases historiques de la finance moderne* [150].
BLIGNY BONDURAND, *Cahiers de Nîmes* [154].
BOIS, *Paysans de l'Quest* [143].
BOISSONADE, *Cahiers d'Angoulême* [154].
BOULOISEAU, *Cahiers de Rouen* [145].
BOURGIN, *Le Partage des biens communaux* [156].
BRAESCH, *1789, l'année cruciale* [148].
CARRÉ, *La Noblesse de France et l'opinion publique* [144].
CHAMPION, *La France d'après les cahiers* [145].
CHASSIN, Les *Élections et les cahiers de Paris* [144].
COBB, *Les armées révolutionnaires* [157].
CROUZET, "Les conséquences économiques de la Révolution" [149].
DESPLACES DE CHARMASSE, *Cahiers d'Autun* [144].
DONIOL, *La Révolution française et la féodalité* [145].
ÉTIENNE, *Cahiers de Metz et de Nancy* [146].
FERRIÈRES, marquês de, *Correspondance inédite* [144].
FORD, *Robe and Sword* [146].
FORSTER, *Nobility of Toulouse* [144].
FOURASTIÉ, *Cahiers de Cahors* [146].

GARAUD, *La Révolution et la propriété foncière* [144].
GERBAUX e SCHMIDT, *Comités d'agriculture et de commerce* [148].
GRILLE, *Introduction aux Mémoires* [144].
GUÉRIN, *Bourgeois et 'bras-nus'* [143].
HERBERT, *Fall of Feudalism* [146].
JOUANNE, *Cahiers d'Alençon* [146].
LABASSE, *Le commerce de des soies à Lyon* [149].
LABROUSSE, *La crise de l'économie française* [145].
LAURENT, *Reims et la région rémoise* [145].
LEFEBVRE, *Études* [142].
———, "Le mythe de la Révolution française" [142].
———, *Paysans du Nord* [145].
LHÉRITIER, *La fin de l'ancien régime* [147].
LIZERAND, *Le régime rural de l'ancienne France* [143].
LORIQUET, *Cahiers du Pas-de-Calais* [144].
MARTIN, *Cahiers de Mirecourt* [147].
MEGE, *Cahiers d'Auvergne* [146].
MÉTHIVIER, *L'ancien régime* [144].
NUSSBAUM, *Commercial policy in the French Revolution* [149].
PICARD, *Les Cahiers de 1789* [148].
PLAISSE, *La baronnie de Neubourg* [144].
REINHARD, "Sur l'histoire de la Révolution française" [143].
RUDÉ, *The Crowd in the French Revolution* [157].
SAGNAC e CARON, *Les comités des droits féodaux* [145].
SAINT-JACOB, *Les paysans de la Bourgogne* [146].
SAVINA e BERNARD, *Cahiers de Quimper et de Concarneau* [146].
SÉE, *L'Evolution commerciale et industrielle* [148].
SENTOU, "Impôts et citoyens actifs" [144].
SOBOUL, *Précis* [142].
———, *Les sans-culottes parisiens* [157].

1

A Situação Atual da História

O historiador que é solicitado a proferir as Palestras Wiles é convidado não para escrever a história do período ou do tema que escolheu, mas para refletir sobre eles. Possivelmente, ainda existem aqueles que vêem tal reflexão como uma deturpação da história, quando não como o pecado original histórico, e têm saudades dos dias de suposta inocência, quando o historiador podia contemplar todos os seus livros e achá-los bons, antes que a serpente da dúvida ideológica tivesse entrado em seu paraíso, instigando-o a duvidar dos próprios pressupostos, assim como dos pressupostos de outros hitoriadores. Alguns talvez se recordem com nostalgia — embora não o digam exatamente dessa maneira — daquele mundo de conto de fadas, em que tudo o que o historiador tinha a fazer era liberar os fatos do sono encantado em que se encontravam, em arquivos ou em registros, soprar a poeira e, agitando a caneta, como fazia a fada com sua varinha de condão na peça de Maeterlinck,* ordenar que falassem por si próprios. "Não sou eu que escrevo", declarou Fustel de Coulanges numa frase famosa, "mas a história que escreve por mim". Nisso acreditava piamente o professor em *Lucky Jim,* quando atendia ao telefone e entoava: "História falando."

---

* *L'oiseau bleu,* de Maurice Maeterlinck. (N.R.)

Esse tempo feliz — se é que existiu — chegou ao fim. Hoje tornou se lugar-comum admitir que a história é feita — claro que não arbitrariamente — pelos historiadores, e se transforma à medida que eles e seu mundo se transformam. O processo tem sido amiúde lento e dificilmente perceptível, mas tem havido também períodos de mudanças rápidas na historiografia. Creio que o momento atual é um desses períodos. Quando Taine veio a Londres, uma das coisas que fez foi postar-se, pela manhã, em frente aos portões de uma movimentada estação ferroviária. Podia assim observar o fluxo das pessoas, que ainda não eram chamadas de *commuters,** vindas das cercanias de Londres, a fim de — segundo ele — obter uma impressão da cara do homem de negócios comum. O editor de uma revista histórica, exposto ao impacto da torrente de textos de história que lhe caem nas mãos, talvez tenha uma ilusão parecida e seja tentado a tirar de sua experiência conclusões tão superficiais como as de Taine. Pode concluir, por exemplo, que uma condição para o sucesso de um livro de história hoje seja *não conter notas de pé de página* — de outro modo ele nunca se tornará uma estrela de televisão ou dos jornais de domingo, ou um beneficiário dos clubes de livro. Mas seria um erro tomar isso como uma característica inerente ao desenvolvimento atual da história. Trata-se, antes, de uma simples conseqüência das pressões da comercialização.

Características mais significativas dos rumos atuais da historiografia são o aparecimento de um número cada vez maior de livros *sobre* história e a tendência, mesmo em compêndios ou monografias, de reservar, para o debate historiográfico, mais espaço do que o permitido até há bem pouco tempo. Creio que isso reflete uma compreensão crescente da contribuição do próprio historiador, sua personalidade e suas idéias, para a história por ele escrita. Isso quer dizer que o paradoxo de Croce-Collingwood, segundo o qual toda história é história contemporânea — não num sentido filosófico obscuro, mas no sentido simples e direto de que tudo faz

---

* Pessoas que viajam diariamente para o trabalho (de trem, ônibus etc.). (N.T.)

parte do pensamento contemporâneo —, tornou-se hoje uma idéia corrente. Antes, porém, que esse paradoxo seja aceito tão amplamente a ponto de converter-se num axioma, e antes que nos esqueçamos dos vários pontos de vista que algum dia foram possíveis, valerá a pena lembrar que a visão da atividade do historiador adotada pela geração passada era bastante diferente. Naturalmente, já que se tratava de ordinário de uma visão superficial e desprovida de autocrítica, não podemos procurar nos próprios historiadores uma descrição do que faziam. Um admirável relato nos foi dado, todavia, pelo professor Michael Oakeshott em sua palestra "The activity of being an historian".[1] Discuti o assunto numa outra palestra da mesma série[2] e, por isso, tratarei dele aqui com bastante brevidade. O professor Oakeshott vê três atributos principais na atividade do historiador, e sua análise sem dúvida está certa no que concerne à história tal como era geralmente entendida durante os anos entre as duas grandes guerras. Em primeiro lugar, o historiador está interessado nos acontecimentos do passado em si mesmos e sem ligação com qualquer acontecimento subseqüente ou atual.[3] (Para crer nisso, tudo o que ele precisava era um pouco mais do que a capacidade normal de auto-iludir-se.) Em segundo lugar, não deve perguntar por origens ou discutir sobre causas, porque isso seria ler a história de trás para frente.[4] (Talvez uma reação contra levar-se a sério os comentários do rei Eduardo sobre as causas da Guerra das Duas Rosas.) Na verdade, o conceito de causalidade histórica ainda é um conceito difícil, e não se tem tornado mais fácil pelos esforços recentes dos filósofos para explicá-lo. Pode-se até concordar com o desejo do professor Oakeshott de descartar totalmente esse conceito. Além disso, ele apenas reflete a tendência natural e justificável da pesquisa histórica quando nos diz: "A relação *entre* os acontecimentos é sempre outros acontecimentos, e se estabelece na história por meio de uma relação global *dos* acontecimentos."[5] (Essa relação global requereria onisciência para saber e eternidade para narrar.) Em terceiro lugar, também correspondendo ao ponto de vista ortodoxo em relação à história, embora dito numa forma paradoxal, não podemos impor o sentido do presente à falta de sentido do passado.[6]

Isso não quer dizer que história seja um relato contado por um idiota — mas, ainda assim, ela é um relato idiótico. O deus do historiador é o acaso. O nariz de Cleópatra, as luvas da duquesa de Marlborough, os cogumelos do Santo Imperador Romano, Hitler enviando uma mensagem com um dia de atraso — isso é o que forma a verdadeira substância da história. E o trabalho do historiador é reunir a maior quantidade possível desses fatos e colocá-los em ordem cronológica. Ele não deve deduzir os porquês; na verdade, não deve deduzir nada. Seu mundo é um Jardim do Éden acadêmico, um paraíso para nudistas cheio de fatos nus, no qual ele pode se divertir, isolado não apenas das idéias de bem e mal (como o professor Oakeshott e outros nos disseram, o historiador deve evitar conscientemente os julgamentos morais), como também de toda e qualquer idéia.

Obviamente, deve-se reconhecer que nem todos os historiadores conseguiram manter-se fiéis a esse ideal austero. Bury se viu tentado a perguntar qual era a utilidade do acúmulo de estatísticas, da publicação de registros sem importância, do trabalho empreendido na crítica superficial. Mas, rapidamente, deixando a tentação de lado, ele replicou: "Isso não é tarefa nossa, mas tarefa das gerações futuras. Estamos reunindo e organizando o material de acordo com os melhores métodos que conhecemos... Nosso trabalho será utilizado pelas gerações futuras."[7] Isso soa falso: ele devia ter reconhecido, com franqueza, que seu trabalho não seria aproveitado de forma alguma. Outros eminentes historiadores manifestaram a opinião de que devia haver algo de errado com o tipo de história descrita por Sir Maurice Powicke como "uma busca minuciosa do insignificante"[8] e por Marc Bloch como *"le goût de l'infiniment petit"*.[9] Mais recentemente, Barraclough foi muito mais longe. Ele nos diz: "Precisamos procurar para a história um objetivo que seja exterior a ela, como o que ela possuía, por exemplo, quando era vista como uma manifestação da providência de Deus."[10] Este é um desejo louvável, mas dificilmente um historiador poderia aceitá-lo. Para isso, se precisaria de um Santo Agostinho ou de um Bossuet. O melhor que nosso século nos ofereceu nessa linha foi o professor Toynbee. Seu monumental *Study of History* é uma interpretação do curso da vida e do destino humanos: trata-se de uma filosofia da história; não é história, e não devemos esperar dos historiadores que eles nos forneçam uma filosofia ou um substituto para a religião.

Isso não significa que devamos aceitar a imagem da história enquanto simples coleção de acontecimentos "organicamente relacionados pela sucessão, pela seqüência do tempo", para citar Sir George Clark em sua introdução à *New Cambridge Modern History*.[11] Apesar do que os historiadores possam ter dito ou desejado, nenhum deles jamais escreveu uma história que fosse um simples relato de eventos sucessivos. O professor Oakeshott tem razão: esperar a pura narração é esperar o puro *nonsense*. Entre inúmeros fatos registrados, é inevitável haver algum critério de seleção, consciente ou inconsciente, e esse critério tem de ser, de um modo ou de outro, uma idéia. Os historiadores que imaginavam estar livres da contaminação pelas idéias eram aqueles cujos pressupostos se enraizavam tão profundamente a ponto de estarem abaixo do nível da consciência; os pressupostos eram tidos como axiomas, pretendiam-se parte da natureza das coisas e, por isso, não eram suscetíveis a crítica racional. Os maiores historiadores ingleses — Stubbs, Maitland, Acton, para mencionar apenas alguns — iluminaram a história que escreveram com um conjunto de valores consciente e racional. Alguns desses valores foram herdados pelos seus sucessores; mas, a partir do momento em que deixaram de ser organizados de forma consciente e racional, tornaram-se pressupostos inconscientes, e os historiadores que os haviam herdado pensaram, com toda a inocência, que estavam livres da contaminação pelas idéias.

Era uma ilusão. Toda a historiografia envolve a seleção e a disposição de fatos numa ordem que é mais do que puramente cronológica. Até mesmo a seleção de trechos de um documento original para publicação é um ato de discriminação e, desse modo, um julgamento que reflete os interesses e valores do historiador. Se isso é verdade, é melhor que estejamos conscientes. Saber da existência de suposições teóricas por trás da história que escrevemos não é reduzi-la à expressão de uma teoria, mas dar um passo necessário para sua emancipação em relação ao apriorismo, em direção à verdadeira história crítica.

É claro que nem todos os tópicos ou períodos estão sujeitos na mesma proporção à influência das pressuposições teóricas, mesmo se nenhuma história está imune a essa influência. Este livro pretende discutir uma fase da história da Europa — a Revolução Francesa — que, talvez mais do que qualquer outra, tem sua história escrita em termos ideológicos.[12] Isso possui amplo significado historiográfico, visto que a Revolução é o centro estratégico da história moderna. Sua interpretação é fundamental para a compreensão tanto da época de mudança social que a precedeu, como do período — em relação ao qual nos afastamos dois séculos — de revolução que a sucedeu. Essa é a minha justificativa para começar o livro com uma breve discussão sobre a questão ideológica na história revolucionária.

2

História e Sociologia

A teoria já consagrada da Revolução Francesa, formulada em linhas genéricas, na época, pelos atores do drama revolucionário, e posteriormente ampliada pelos historiadores da Restauração, para que se tornasse uma teoria histórica geral e finalmente aceita como axioma na maioria das obras concebidas desde então sobre a história da Revolução, foi expressa em linguagem clara e concisa por um dos maiores historiadores franceses deste século. "A Revolução", escreveu Georges Lefebvre, "é apenas o clímax de uma longa evolução econômica e social que transformou a burguesia na soberana do mundo."[1] Albert Soboul, numa excelente sinopse da história da Revolução, repete a fórmula de Lefebvre usando quase as mesmas palavras. Porém, torna-a mais explícita ao acrescentar que, embora tenham sido os historiadores burgueses da Restauração os primeiros a formularem a idéia com clareza, eles deixaram de perceber o fato essencial. Ou seja, "que a Revolução é explicada, em última análise, por uma contradição entre as relações de produção e o caráter das forças produtivas".[2] Diante de tais opiniões, parece que estamos no extremo oposto em relação à visão daqueles historiadores que tentavam, ainda que em vão, tirar da história um sentido. Lefebvre e Soboul parecem estar devolvendo à história um excesso de sentido quando reduzem o maior acontecimento da história moderna ao mecanicismo determinista de uma lei histórica.

Sendo uma lei histórica, deveria ser passível de aplicação quando se fossem interpretar outras revoluções, ainda que tivesse sido detectada pela primeira vez por historiadores da Revolução Francesa. Assim, o historiador russo Porchnev, entre outros, viu as agitações na França do século XVII nos termos de uma sociedade feudal sendo atacada pelo povo; enquanto a guerra civil inglesa foi também amplamente interpretada como uma revolta burguesa contra o feudalismo. Depois de um período em que tais interpretações tinham a autoridade de uma ortodoxia quase incontestável, só recentemente começaram a ser vistas, sob crítica cerrada, como uma tentativa de impor ao fato histórico a camisa-de-força da teoria preconcebida. "Porchnev", escreve o professor Mousnier, "estava decidido a trazer a todo custo fatos precisos, observados e avaliados com imparcialidade para os limites de uma teoria marxista que esses mesmos dados desarticulavam."[3] Na historiografia da guerra civil inglesa, a desarticulação já tinha acontecido, e com isso a suposta revolução burguesa tinha ido pelos ares, fazendo a aristocracia e a pequena nobreza, funcionários do rei, advogados, comerciantes, a plebe, classes ascendentes ou descendentes, as sociedades feudal e burguesa, proprietários rurais e camponeses, todos espalharem-se, em pedacinhos por monografias e compêndios.

Há uns oito ou nove anos sugeri que o mesmo processo de desintegração provavelmente ocorreria com a história da Revolução Francesa, e que interpretá-la sob o aspecto da abolição do feudalismo pela burguesia tornava-se cada vez mais incompatível com os resultados da investigação moderna.[4] Essa sugestão, embora se baseasse em parte nos resultados das próprias investigações de Lefebvre, foi criticada por ele.[5] Ele considerava que a sugestão — segundo a qual a teoria que interpretava a Revolução como a abolição do feudalismo pela burguesia não passava de um mito — era uma negação da própria existência da Revolução. Ao mesmo tempo, admitia que, num sentido diferente e de acordo com o pensamento de Sorel, ela não deixava de ser um mito. "A convocação dos Estados Gerais", escreveu ele, "foi uma *bonne nouvelle*: anunciou o nascimento de uma nova sociedade, em conformidade com a justiça, na qual a vida seria melhor."[6] Um historiador holandês observou em seguida — a meu ver, não injustamente — que, na defesa do ponto de vista tradicional em relação à Revolução, o grande historiador francês voltou-se um pouco para a justificativa de uma crítica diferente (feita pelo professor Talmon),[7] ao identificar a Revolução e o tipo de messianismo político pelo qual Talmon a condenava.[8]

Na verdade, é difícil evitar a conclusão de que a teoria ortodoxa da Revolução assume hoje algumas características de uma crença religiosa. Evocando com devoção filial "a grande Revolução, mãe das revoluções do presente e do futuro",[9] a resposta às críticas referentes ao livro *Bourgeois et "bras-nus"* de Guérin, foi intitulada *Bataille autour de notre mère.* O historiador alemão-oriental W. Markov, fazendo um esboço dos últimos dias do agitador de esquerda Roux, disse: "Jacques Roux já tinha alcançado, enquanto escrevia essas linhas, em Bicêtre, *le terme de sa passion*".[10] E assim por diante. Essa tendência da teoria marxista da Revolução de culminar num tipo de exaltação semi-religiosa está longe de ser acidental. O marxismo é uma filosofia da história e, como todas as filosofias da história, sua força consiste em englobar uma visão da natureza e dos fins da existência humana. Em outras palavras, é uma espécie de religião secular.

Porém, a teoria marxista da Revolução não teria despertado o mesmo interesse universal se não tivesse representado algo além disso. Se uma das causas da força do marxismo é a satisfação que pode proporcionar ao desejo humano no sentido de um objetivo que justifique e crie uma finalidade para a vida do animal humano, uma outra causa é o fato de aparentemente fornecer uma exposição científica das leis que regem o desenvolvimento social. Assim como propõe uma filosofia da história, o marxismo oferece também uma teoria da sociologia. Especialmente por essa última característica atraía George Lefebvre que, em seus últimos anos de vida, pelo que parece, chegou a acreditar no marxismo como fonte de uma base teórica para suas pesquisas e para as conclusões que poderia tirar daí.

Contudo, as relações da história e da teoria social não precisam ser discutidas simplesmente sob o aspecto do marxismo, embora essa seja a teoria social que maior influência exerceu, até o momento, sobre os estudos históricos. Existe agora uma tendência forte, e talvez crescente, de historiadores não-marxistas também procurarem explicar o que é chamado, num sentido geral, de sociologia. Essa tendência foi expressa há pouco tempo em linguagem vigorosa pelo Dr. E. H. Carr. "Quanto mais sociológica se torna a história, e quanto mais histórica se torna a sociologia", escreve ele, "melhor para ambas." [11] A tendência atual de crença no poder da sociologia representa talvez a nêmese de um período em que se acreditava que a história podia ser escrita como uma simples reunião de fatos isolados, relacionados uns com os outros apenas pela sucessão no tempo. Por outro lado, pode ser que a falta de uma teoria sociológica seja a explicação para o que agora percebemos de inadequado, ou inconsistente, naquela que é chamada muitas vezes de história superficial. A possível contribuição da sociologia (mesmo a que não leva em conta a sociologia marxista) para o estudo histórico precisa ser examinada com seriedade.

A primeira dificuldade, no entanto, é que toda teoria geral de sociologia deve ser também, como o marxismo, uma filosofia da história. O marxismo, como já foi dito, não é uma teoria das classes, mas uma teoria da evolução das classes;[12] assim como o que Toynbee nos deu foi uma teoria da história das civilizações, e não uma teoria da civilização. Hoje, a suposição inerente a qualquer filosofia da história é de que a evolução da humanidade é um processo único; mas, ao se admitir isso, torna-se inviável uma lei científica sobre essa evolução, já que, como indicou o professor Popper, a lei científica não pode ser deduzida de um único exemplo.[13] E mesmo se pudesse, a relação entre a história e qualquer teoria geral sociológica é de um tipo que por natureza não permite verificação científica. O historiador-sociólogo usa sua teoria como critério para a seleção dos fatos históricos relevantes, e depois, tendo como base esses fatos, esclarece e confirma a teoria a partir da qual eles foram selecionados. Parte do fascínio das teorias sociológicas gerais deve-se ao fato de que elas já trazem o êxito dentro de si. Há ainda outra maneira pela qual as leis sociológicas se autoconfirmam: tomando um fator na história como básico, todos os outros podem ser reduzidos às condições nas quais ele atua. Desse modo, se são observados efeitos diferentes em duas circunstâncias economicamente idênticas, a primazia do fator econômico é mantida, tornando-se os fatores que produziram a aberração, condições sobre as quais o fator econômico atua como causa principal. Mais uma vez um sistema geral sociológico difere num ponto fundamental de todas as ciências já consagradas. As ciências naturais dependem da possibilidade de fazer uma separação e um isolamento entre seus dados e todo o mundo sensível; a sociologia se diz aplicável à sociedade como um todo, ou seja, a um universo — impossível de ser isolado — do qual nada pode ser excluído.

Na prática, as leis gerais da sociedade acabam tornando-se uma entre três coisas. Quando não são afirmações dogmáticas sobre o curso da história, essas leis são, do mesmo modo, fórmulas, ou então, a fim de se adequarem aos fatos, se sujeitam mais e mais a limitações cada vez maiores até que, no final, se tornam aplicáveis apenas a um único caso. Desse modo, a sociologia geral não é uma resposta à necessidade de elementos teóricos em nossa história, salvo no tocante aos estereótipos herdados.

3

O Problema da História Social

Talvez pareça, neste ponto, que estamos de volta àquela que pode ser chamada de história superficial — de volta à crença de que os fatos falam por si, e provavelmente até se selecionam, de que cada acontecimento histórico está isolado e de que a generalização é um crime contra a história. Essa crença, claro, é absurda. Qualquer pensamento coerente requer idéias generalizantes: termos classificatórios são necessários para o discurso racional. Um acontecimento isolado seria um milagre. É verdade que a investigação histórica começa com a descoberta de "fatos", porém, para serem compreendidos, os fatos precisam ganhar um significado, à semelhança dos que encontramos, ou observamos, na vida cotidiana. A necessidade de reagir à experiência comum traz-nos uma série de conceitos rudimentares que nos permitem lidar com esses fatos, e outra vez nos afastamos da história superficial.

Uma história mais sofisticada pede uma análise mais sofisticada. Isso não quer dizer que essa história necessite de uma teoria geral, mas de uma linguagem. Em alguns aspectos, ela já tem uma. Assim, a maior parte da história que tem sido escrita é história política, e já que um grande número de cientistas políticos, desde o tempo de Aristóteles até nossos dias, analisaram os eventos e as estruturas políticas, não há carência de um vocabulário político coerente e compreensível, embora este requeira redefinição contínua e atualização de acordo com os novos usos e as condições políticas variáveis.

A linguagem da economia foi criada muito mais tarde. Ela ainda não existia quando Hobbes, querendo descrever o que hoje chamaríamos de consumo e produção, teve de dar o seguinte título a um capítulo de sua autoria: "Of the Nutrition and Procreation of a Commonwealth" (Da nutrição e reprodução de um Estado). Hoje, no entanto, a história econômica tem um conjunto de termos definido e cuidadosamente organizado, responsável — segundo acredito — pelo alto nível alcançado por essa história.

Com essas considerações nos aproximamos do ponto central da discussão, e já podemos considerar a possibilidade de enunciar em termos mais específicos o tema da relação entre sociologia e história. Em primeiro lugar, o desejo de uma teoria sociológica geral que seja aplicável a toda a trajetória da existência humana deve ser — como já sugeri — posto de lado, já que é incompatível com a história crítica. O que se precisa é — pelo menos num primeiro momento — formar um conjunto de conceitos. Pode-se perguntar por que as terminologias política e econômica, que já estão ao nosso alcance, não são suficientes para esse fim. A resposta é que percebemos existir hoje um desejo por algo além das histórias política e econômica. Se ainda estamos longe de esclarecer o sentido do termo história social, não podemos deixar de ligar isso com o fato de ainda nos faltar não apenas um vocabulário que se possa utilizar na prática, mas também os princípios sobre os quais erigi-lo. Até agora a regra tem sido utilizarem-se os termos fornecidos pela teoria sociológica geral. Isso levou a uma tensão crescente entre a configuração teórica adotada na linguagem e o dado concreto descoberto através da pesquisa histórica: por outro lado, a história escrita sob a influência da teoria sociológica torna-se uma obra de desperdício, visto que a teoria determina de antemão como será essa história. Por sua vez, a história superficial e não-teórica se limita ao esforço de empregar a linguagem corriqueira atual para expressar propósitos históricos, sem levar em conta as mudanças nos conceitos e nas instituições: do mesmo jeito, isso não é bom.

Se há uma maneira de fugir a esse dilema, só pode ser abandonando os dois pontos de vista e tentando achar uma outra solução. Penso que neste ponto é importante dizer que normalmente o historiador não resolve problemas históricos por meio de argumentos abstratos, mas o faz no processo de convivência com as dificuldades reais apresentadas por períodos e temas determinados. Segundo entendo, a questão da história social aparece num de seus aspectos mais significativos na história da Revolução Francesa, e uma grande parte — talvez a maior — da história da Revolução Francesa que está sendo ou que foi escrita durante algum tempo no passado pode ser chamada, em ambos os sentidos, de história social. Portanto, esse episódio representa um campo precioso para examinarmos as questões ligadas à criação da história social. Uma das principais, a dificuldade de terminologia, pode ser ilustrada com um breve ensaio sobre semântica, que talvez sirva também como esclarecimento da razão pela qual os termos comuns da sociedade atual não formam o vocabulário do historiador social.

Como a sociedade se modifica, enquanto as palavras permanecem, a aplicabilidade de termos relacionados com as categorias sociais muda radicalmente. Desse modo, na França do século XVIII um *manufacturier* era aquele que fabricava produtos com as mãos, um *laboureur* era um lavrador proprietário de terra razoavelmente abastado, e um *fermier* era, em sua origem, qualquer um que pagasse pelo arrendamento de uma propriedade ou de uma posição social.* Nenhum desses termos apresenta o mesmo sentido hoje em dia. Não apenas em épocas diferentes, mas também em países diferentes a mesma palavra pode ter significados bastante diversos, como por exemplo a palavra francesa *fermier* e a inglesa *farmer*. Do mesmo modo, *paysan* francês, que é a pessoa

---

* Das inúmeras palavras e expressões francesas introduzidas no texto pelo autor, como decorrência inevitável da própria discussão histórica em que se empenha, traduziram-se apenas [entre colchetes ao correr do texto ou ao pé da página] as que, de sentido comum, têm tradução imediata. Os termos e expressões que designam instituições sociais são de tradução particularmente delicada, vez que o repertório disponível na língua portuguesa haveria forçosamente de ser buscado entre vocábulos e expressões que nomeiam instituições sociais do feudalismo português, o que só traria nova complicação, prejudicando a compreensão das sutis distinções firmadas pelo autor, em lugar de facilitar a leitura. (N.R.)

que mora e ganha a vida trabalhando no campo — no sentido oposto ao de cidade —, qualquer que seja seu *status* econômico; ele não é necessariamente, como no sentido de *peasant* em inglês, um dos agricultores mais pobres ou um pequeno proprietário. Um motivo de confusão ainda mais constante — na verdade, o principal — é o fato de que as estruturas sociais dos dois países, Inglaterra e França, são, há séculos, tão diferentes que os termos empregados num dos países, embora sejam muitas vezes transplantados para o outro, raramente se equivalem. A aristocracia inglesa não correspondia à nobreza francesa, nem o *peer* inglês ao *pair* francês. A *bourgeoisie* não era o mesmo que a *middle class*. O *officier* francês não tinha nenhum equivalente inglês, e a *ordre* francesa qualquer paralelo na Inglaterra. A estrutura de classes da Inglaterra, no século XVIII, apresentava mais diferenças do que semelhanças com relação ao modelo social francês; do mesmo modo, a noção européia de classe é hoje um termo um tanto estranho ao vocabulário sociológico moderno norte-americano.

A noção de classe estabelece outra dificuldade: há um forte elemento subjetivo em todas as categorias sociais. Quem faz — e quem não faz — parte da classe média, hoje? Nem todos os que constavam de registros como advogados — *avocat* —, na França do século XVIII, tinham alguma coisa a ver, na prática, com a lei. Durante a Revolução, um patrão abastado aparece em registros oficiais como trabalhador — *ouvrier* —, e um proprietário de terra como *cultivateur*. Por outro lado, o agente secreto Noël Prigent, que se classificou perante os ingleses como *négociant*, ganhava a vida — segundo seus desdenhosos concidadãos — vendendo frutas nas ruas de Saint-Malo.[1] Em geral, *négociant* era uma pessoa envolvida com o grande comércio, ao passo que *marchand* era a mais indeterminada das categorias. Na França, em aldeias e em pequenas cidades no campo, surgiram inúmeros desses *marchands*, que representavam, simplesmente, a posição mais elevada no artesanato rural.[2]

A mesma palavra podia ter vários significados ao mesmo tempo. Como já disse, *fermier*, no século XVIII, era quem pagava arrendamento. Excluindo a utilização do termo no âmbito financeiro — em que havia os *fermiers généraux* — e limitando-nos ao uso na área rural, o *fermier* podia ser um despenseiro ou um caixeiro-viajante que pagava uma determinada quantia pelo direito de arrecadar rendas e tributos e fazer o que pudesse com o dinheiro, ou podia ser um dos lavradores que arrendavam um pedaço de terra. Já que o último em geral explorava fazendas razoavelmente grandes, podia ser comparado ao camponês proprietário mais abastado — o *laboureur*, que muitas vezes podia ele próprio ser um arrendatário, ou *fermier*, de parte da terra que cultivava. Portanto, quando uma pessoa é classificada como *fermier* ou *laboureur*, isso nada nos revela, exceto que essa pessoa cultiva uma extensão de terra com área acima de determinado tamanho. Ela podia ser classificada também como *paysan*, o que nos revelaria menos ainda.

Uma palavra como *métayer*, assim como o amplo grupo social que ela representa, não tem equivalente em inglês. Isso não significa que nesse caso não haja problemas. Na verdade, desconfio que estamos diante de mais uma fonte de confusão: um termo pode ter significados diferentes, na mesma época, em diferentes regiões de um mesmo país. A descrição geralmente aceita do *métayer*, que encontramos, por exemplo, em Arthur Young, um observador perspicaz e digno de confiança, é a de um locatário empobrecido de uma pequena propriedade cujo prazo de arrendamento é de três, seis ou no máximo nove anos, o qual arrenda o equipamento agrícola e o gado do mesmo modo que a terra, e paga por tudo parcialmente, quando não totalmente, em mercadorias. O Oeste da França, em particular, de acordo com Sée e Lefebvre, era dominado por esse tipo de título de posse. Mais recentemente, um historiador sugeriu que pelo menos em um distrito essa descrição se baseia num mal-entendido em torno da palavra *métairie*. Segundo Paul Bois, no Maine e no Oeste em geral, *métairie* se refere não ao sistema de arrendamento, mas ao tamanho da propriedade. No Maine e no Anjou existiam principalmente dois tipos de título de posse, *métairie* e *bordage* (ou *closerie*). Ao contrário do que se pode esperar, *métairie* é relativo à maior fazenda, às vezes com uma área superior a 50 hectares, sendo o *métayer*, em função disso, equivalente ao *laboureur* ou ao *fermier*, enquanto *bordage* era relativo a uma pequena propriedade de três a 10 hectares, em cujo cultivo não se utilizava o arado, exceto quando o locatário conseguia um emprestado ou mediante aluguel.[3]

Muitos outros exemplos das dificuldades relacionadas com a terminologia podem ser dados, porém esses são suficientes para ilustrar o alcance da questão. Creio que, se de uma forma geral o problema não tem sido examinado apropriadamente, isso se dá porque a complexidade da sociedade francesa do *Ancien Régime* — revelada através de uma análise social minuciosa — tem sido encoberta pela utilização de termos de amplo sentido geral, como burguesia, *paysan*, nobreza. De modo geral, a divisão legal em *ordres* (ordens)— o clero, a nobreza e o terceiro estado — forneceu no passado o modelo para os historiadores sociais, embora na prática essa classificação legal tenha deixado de ter qualquer ligação com a realidade social desde bem antes de 1789. Para avaliar a posição real de uma pessoa na sociedade francesa, era necessário que se conhecesse, além de seu *status* legal, sua verdadeira função econômica, as fontes e a extensão de sua fortuna, seu modo de vida, sua profissão ou ofício, sua família e, durante a Revolução, até mesmo suas filiações políticas. Em cada escala, ela podia se encontrar em posições diferentes. Para acrescentar mais um fator de complicação, a regra não era a pessoa ser classificada em apenas uma categoria; essa era na verdade a exceção. O camponês proprietário podia ser, ao mesmo tempo, lavrador arrendatário de parte de sua propriedade, comerciante, quando comprava e vendia seus produtos, ou trabalhador assalariado, quando trabalhava em terras alheias. Um advogado era, a um só tempo, administrador de bens e comerciante; além disso, podia ser proprietário, pois a maioria das pessoas de qualquer posição social possuía ao menos um pedaço de terra na cidade ou no campo. Nas áreas rurais pequenos proprietários podiam atuar como artesãos rurais mas também podiam ter funções completamente diferentes. O nobre podia ser um oficial regional ou um juiz, um oficial do exército, um eclesiástico, um grande proprietário de terras ou um pequeno proprietário trabalhador.

Em meio à areia movediça de uma terminologia sociológica incerta e acrítica, o historiador da França do século XVIII geralmente se contentava com grandes generalizações que não tinham, mesmo naquela época, quase nenhuma ligação com as realidades sociais e que hoje se encontram deformadas tanto pelos excessos do pensamento sociológico do século XIX quanto pelas condições sociais atuais. Por conseguinte, a primeira exigência para se escrever a história social da Revolução é a de abandonar a terminologia existente. Essa está longe de ser uma simples exigência negativa. Na verdade, trata-se de um passo revolucionário, visto que essa terminologia, com todos os seus defeitos, corporifica, como será observado, uma teoria específica da Revolução, e abandonar a linguagem representa abandonar a teoria.

Para lidarmos adequadamente com a história social da Revolução, precisamos de um exame empírico dos fatos sociais, do mesmo modo como um sociólogo contemporâneo examinaria sua própria sociedade. Uma avaliação da posição social de um indivíduo não deve ser, como no passado, baseada num único critério, seja ele legal, político ou econômico, mas numa grande quantidade de provas — fortuna real e sua origem, fontes de renda, *status* e prestígio sociais, origem e deslocamento do indivíduo e da família em relação às mudanças sociais, condições legais, orientação política, avaliação em relação à época contemporânea, função econômica, aspirações e ressentimentos pessoais e assim por diante.

Não apenas a classificação social, mas também a natureza e a direção das mudanças sociais na história precisam ser reexaminadas. Toda a concepção de classes ascendentes e descendentes, que está intimamente ligada com a idéia de revolução, necessita uma revisão. A mudança de indivíduos de uma classe para outra, quando acontece numa escala suficientemente expressiva, tem sido comparada com a ascensão e queda de uma classe. Isso é claramente falso. Embora muitos filhos de camponeses, por exemplo, se mudem para a cidade e se transformem em advogados ou comerciantes, não se pode ver nisso a ascensão dos camponeses. A classe tem sido comparada a um hotel permanente, por onde passa uma clientela continuamente variável.[4] Uma classe ascende, para falar com propriedade, quando adquire poder político e elevado bem-estar econômico e continua a ser a mesma. Dito desse modo, a "ascensão da burguesia" na Revolução Francesa deixa de ser um chavão e torna-se um problema.

O essencial é que deixemos de tomar as teorias pelos fatos. O eminente historiador francês Albert Soboul nos diz, quase de um só fôlego, que o triunfo da burguesia é o fato essencial, e que não há nenhuma história da burguesia durante a Revolução.[5] Em outras palavras, o que ele chama de fato essencial da Revolução não é nada mais nada menos que um ato de fé. Temos de decidir se acreditamos em Soboul quando ele nos diz, como teórico, ter certeza sobre o que a Revolução representou, ou quando admite, como historiador, que só depois da realização de muitos estudos sociológicos locais e regionais é que será possível o aparecimento de obras de síntese sobre as diferentes classes e categorias sociais.[6] É claro que, mesmo supondo que ele soubesse previamente o que estava para ser descoberto, seria um avanço reconhecer que as pesquisas para descobrir isso ainda não foram feitas. Se essas pesquisas apenas em sua menor parte têm sido usadas pelos historiadores, isso se deve ao fato de não se adaptarem convenientemente à teoria já consagrada. Por esse motivo, neste estudo não me proponho a iniciar nenhum tipo de discussão teórica. A fraqueza de grande parte do pensamento das ciências sociais está, pelo que me parece, intimamente ligada à preparação de uma bagagem (ou mesmo à formulação de uma teoria geral sobre o modo como se deve preparar essa bagagem) para uma viagem que nunca se inicia. Tentarei evitar esse perigo, tratando o problema da interpretação social da Revolução Francesa como uma série de questões históricas específicas, e formulando perguntas como estas: quais são os fatos relacionados com a chamada revolução burguesa, e quem eram, exatamente, os burgueses? O que representava o feudalismo que ela supostamente aboliu? Até que ponto a revolução burguesa estava relacionada com a revolução dos camponeses? Isso levanta a questão da relação entre cidade e campo. Mais uma vez, que função tiveram, na conjuntura revolucionária, as categorias sociais mais baixas? Essa pergunta suscita, de um modo geral, a questão da relação entre ricos e pobres. Acima de tudo, meu objetivo é, tentando fugir aos clichês sociológicos tradicionais, destruir as grandes classes mistas, feitas para aceitar praticamente qualquer passageiro que possa pagar um preço mínimo fixado para a passagem, sem levar em conta o local onde ele embarca ou desembarca ou qual é sua estação ou posto na vida, e substituir essas classes por distinções e classificações que se baseiem em realidades históricas.

4

O Significado de Feudalismo

Como todo colegial sabe, o clichê perfeito para qualquer período da história, desde a expulsão do Jardim do Éden, é a ascensão das classes médias; e todas as histórias ortodoxas escritas sobre a Revolução Francesa pressupõem que esse foi o período em que essas classes completaram sua ascensão, acabando finalmente com o feudalismo. Por trás dessa teoria está a suposição de que a história social pode ser dividida em poucas fases homogêneas e longas, que se repetem, na mesma ordem e da mesma forma, em todas as sociedades. Dentro desse modelo geral, o feudalismo na história européia se estende do começo da Idade Média até sua supressão pela revolução burguesa, que se deu na Inglaterra no século XVII, na França no século XVIII e na maior parte do resto da Europa no curso dos séculos XIX e XX.

Tudo isso pressupõe, é claro, que sabemos o significado de feudalismo. Os historiadores dedicados à Idade Média, que deveriam ser capazes de nos esclarecer a respeito, parecem ter dúvidas. Enfatizam os diferentes significados do termo em países diferentes [1] e protestam contra seu uso com o propósito de descrever situações na França do século XVIII. [2] Uma das principais autoridades em feudalismo recomenda que empreguemos a palavra com cautela. A palavra *féodalité*, escreve o professor Ganshof, "se presta a confusão". [3] Instituições *"féodo-vassaliques"*, diz ele, deixaram de ser uma característica historicamente verdadeira do sistema político ou da estrutura social da Europa Ocidental desde o fim do século XIII. [4] Por volta de 1789, conclui ele, a palavra tinha-se tornado um simples fantasma, um termo que se empregava, erroneamente, como "fanatismo", e com significado pouco preciso. [5] Francis Bacon viu a mesma perda de significado, junto com a conservação de outros termos, quando examinou a sobrevivência legal, na Inglaterra do século XVI, dos nomes dos títulos militares que não mais satisfaziam a sua função original. "*Vocabula manent*", escreveu ele, "*res fugiunt.*" * O termo "feudalismo fiscal" tem sido empregado para descrever a sobrevivência anacrônica, até os tempos dos Tudor e dos Stuart, daqueles direitos medievais como, por exemplo, a tutelagem e o casamento, que se tinham então transformado, em grande escala, num expediente financeiro concentrado nas mãos da Coroa e usado principalmente para aumentar a receita e para gratificar oficiais reais ou os protegidos. [6]

Não se deve supor, no entanto, que os historiadores inventaram a crença, na França do século XVIII, de que o feudalismo era o inimigo. Não pode haver dúvida de que existia um ataque generalizado contra alguma coisa que era chamada de feudalismo, e que esse ataque foi a expressão de profundos ressentimentos. A questão é identificar tais ressentimentos e descobrir até que ponto tinham sido provocados pelo feudalismo — se é que o tinham.

Seria sensato levantar essa questão porque os próprios revolucionários têm dúvida a respeito do assunto. A Assembléia Constituinte, quando resolveu abolir os direitos feudais, descobriu que na realidade não se sabia — nem certamente havia concordância no caso — quais eram, entre os vários direitos, os feudais e os não-feudais. A legislação elaborada entre os dias 4 a 11 de agosto, que havia, em seu primeiro artigo, "destruído completamente" os assim chamados direitos feudais, nos artigos subseqüentes praticamente os restaurava. O Comitê Feudal tentou traçar uma linha entre os *droits personnels* [direitos pessoais] e os *droits réels* [direitos reais], porém tal distinção originava-se do Direito

---

* "As palavras permanecem, as coisas fogem." (N.R.)

Romano e era imprópria para a situação, levando-se em conta a extraordinária variedade de direitos feudais. Os acordos vantajosos para os *seigneurs* naturalmente eram aqueles aprovados por uma Assembléia e um Comitê compostos em sua maior parte por *seigneurs,* segundo os encarregados da organização dos documentos do Comitê.[7] Essa era uma questão ao mesmo tempo prática e legal. Suas origens históricas podiam ser detectadas com facilidade. A terra mudava de mãos rapidamente no final da Idade Média, passando do domínio dos nobres para o dos *roturiers* [plebeus]; porém, embora estes pudessem adquirir a terra, não podiam exercer sobre ela os direitos de um senhor feudal. Para enfrentar essa dificuldade, os juristas do século XVI fizeram uma distinção entre *domaine direct,* que se mantinha sempre nas mãos do *seigneur,* e *domaine utile,* que era alienável. Por volta do século XVIII, o *domaine utile* começara a ser visto como o verdadeiro direito de propriedade, e o *domaine direct* como uma espécie de "servidão".[8] O jurista do século XVIII R. J. Pothier descreveu da seguinte maneira a situação: "Aquele que tem *domaine utile* é chamado de proprietário ou *seigneur utile,* aquele que tem *domaine direct* é chamado simplesmente de *seigneur.* É na verdade o proprietário do seu direito de *seigneurie,* mas não é propriamente ele, e sim o *seigneur utile,* o dono da propriedade".[9] Em outras palavras, por volta do século XVIII, como diz Marc Bloch, o arrendatário era o verdadeiro proprietário, e ele era chamado assim nos *terriers.*[10]

Mas o caso não acaba aí. Os direitos senhoriais tornaram-se também alienáveis, e quando começaram a ser transmitidos para mãos não-nobres, os *roturiers* passaram a exercer direitos de *seigneurie.* Assim, a posse da terra e dos direitos senhoriais tornou-se separável da nobreza enquanto atributo pessoal. Uma resposta oficial a uma pergunta sobre quais eram as condições de admissão nas assembléias eleitorais da nobreza em 1789 foi que a posse de um feudo não conferia a qualidade de nobre. Finalmente, mesmo a descendência ou a profissão se tornaram provas que não garantiam o *status* de nobre. No final da Idade Média e no início do período moderno, a nobreza tinha se renovado com o ingresso maciço da *bourgeoisie d'office.* [11] Isso não evitou um movimento inverso de nobres que preencheram cargos remunerados no século XVIII. "Vi em minha juventude", escreve Duclos, "os baixos cargos de finanças sendo dados como gratificação a lacaios. Hoje se vêem mais nobres ocupando-os do que *roturiers.*" [12]

Os nobres também desciam de posição de um modo menos compensador. Talvez possa ser postulada uma lei social — que seria tão boa quanto a maioria das outras leis sociais — da conservação das classes, segundo a qual, quando alguns membros estão descendo para classes inferiores, outros estão subindo. A imagem do nobre rural, o *hobereau* [fidalgo provinciano], no livro de Chateaubriand *Mémoires d'outre tombe,* embora sentimentalizada, é uma versão da realidade. O dito popular — "Ele é um cavalheiro de Beauce, que tem que ficar na cama enquanto suas calças estão sendo remendadas" — chega perto de descrevê-lo. Na Bretanha, encontravam-se nobres na função de despenseiros, couteiros, fabricantes de perucas, carregadores de cadeirinhas, arrieiros. [13] Na Normandia, os nobres estavam em *dépôts de mendicité* [14] [depósitos de mendigos]. O pai da heroína do episódio do colar de diamantes, Jeanne de Valois de Rémy de St. Luz, depois de perder todas as suas propriedades, vivia num canto de seu castelo destruído com uma camponesa, que acabou fugindo com um soldado, enquanto o conde ia morrer no hospital dos pobres de La Samaritaine, em Paris. Mesmo assim, Mme. de la Motte reivindicava, com justiça, descender de Henrique II da França. Na eleição de 1789, em Poitou, sete nobres compareceram vestidos como camponeses. Espadas foram-lhes emprestadas e suas despesas na hospedaria foram pagas por terceiros. [15] A nobreza de Blois, em seu *cahier,* argumentava em defesa daquela parcela de sua classe constrangida pela pobreza a uma existência rústica: sua vida — diziam, num tom dramático, embora fosse a mais pura verdade — dividida entre cavar pelos campos e defender sua condição. [16] Barbier, em 1751, relatou que as províncias estavam cheias de nobres às voltas com crianças cuja educação não podiam pagar: seus filhos passavam a juventude entre os camponeses, "na ignorância e na rusticidade". [17] Os próprios propagandistas revolucionários deram testemunho da existência de grandes divisões dentro da nobreza, pois procuraram atrair os nobres empobrecidos e pediram-lhes auxílio — "essa numerosa classe de fidalgos-camponeses, restrita, por um preconceito medieval, a uma única forma de subsistência", para citar um trecho da *Patriote française*, escrita por Brissot em 1790 — contra a aritocracia da corte.[18]

No extremo oposto estavam os grandes nobres, cuja responsabilidade se restringia à avaliação de sua fortuna em terras, investimentos, ou pensões e residências. Havia também uma categoria considerável do que se poderia até chamar de nobres de classe média. Supostamente, foi esse o grupo que sobreviveu à revolução com maior sucesso. Em muitas cidades havia uma quantidade razoável de nobres que não se diferençavam dos burgueses prósperos. Na cidade de Toulouse, eram esses nobres que pagavam, de longe, os impostos mais elevados,[19] o que, aliás, vai de encontro a um outro clichê. Os rendimentos do nobre mediano, em Toulouse, eram duas ou três vezes maiores do que os do comerciante bem-sucedido ou do advogado.[20] Talvez a riqueza dos nobres dessa cidade — assim como a eficiente administração de suas propriedades,[21] que só colaborava para aumentar essa riqueza — não deixe de ter ligação com a relativamente recente incursão da aristocracia toulousiana no mundo dos negócios e das finanças. Desse modo, o agricultor-rendeiro Jacob no final do século XVII comprou um feudo senhorial. Seus filhos contraíram casamentos vantajosos, trocaram de nome e, por volta de 1760, eram barões. Igualmente, o comerciante Picot recebeu título de nobreza por um cargo municipal, o *capitoulat*, em 1738, e seu filho votou pela nobreza em 1789.[22]

É claro que a riqueza, o *status* e as origens sociais da nobreza variavam enormemente de uma região da França para outra. Em nenhuma parte havia mais igualdade social, segundo Mercier, do que em Paris.[23] O número de nobres na capital não podia ser estimado, contudo mais ou menos mil pessoas dessa classe compareceram às assembléias eleitorais de 1789.[24] Fenômeno inesperado, porém, são os repetidos esforços da nobreza no sentido de exigir para si o *status* de burgueses e seus protestos por estarem sendo separados do *tiers état*[25] [terceiro estado]. Um *conseiller* [conselheiro] do Parlamento de Paris declarou: "Não há nenhum nobre, qualquer que seja sua posição social, que não esteja acostumado a ouvir chamarem-no de Burguês de Paris, e nenhum deles pode se sentir ofendido ao se ver sentado do lado de um membro do *tiers état* que julgue digno de sua confiança."[26] Na assembléia do *tiers état* da *Paris hors les murs* [Paris fora dos muros], o primeiro substituto do *bailliage* [bailiado] de Versalhes, um nobre, declarou que acreditava ter o direito de sentar-se no *tiers état* "porque trabalhava no comércio e toda a sua família havia feito parte daquela Ordem, que um de seus parentes chegara a ser eleito representante pela Assembléia dos Comuns de Rouen, embora fosse um nobre do mesmo nível dele", acrescentando em seguida que não tinha comprado o título de nobreza, mas seus antepassados o haviam obtido por meio de serviços prestados ao Estado, e que ele tinha continuado sempre a trabalhar no comércio.[27]

Nem todos os membros da Ordem ficaram satisfeitos com essa atitude de parte da nobreza parisiense. Ela foi atacada por um "cavalheiro da província" que defendeu, contra os que tomaram tal atitude, a importância da distinção entre as Ordens. O grupo dos signatários dos *Mémoirs des Princes* também expressou sua desaprovação.[28] O *tiers état* de Paris, por outro lado, em sua sessão de 26 de abril, que discutia "se os nobres deviam ou não se retratar", chegou à conclusão de que era necessário distinguir entre os diferentes tipos de nobreza, não confundir com comerciantes quem tinha comprado títulos de nobreza, já que aos comerciantes esses títulos tinham sido concedidos como reconhecimento de serviços prestados ao Estado no comércio ou como funcionários municipais. Nos dois últimos casos, conforme ficou decidido, devia-se considerar tais indivíduos membros do *tiers état* e permitir que continuassem indo às assembléias.[29]

Entre os vários tipos de nobres — que representavam todos os níveis de riqueza ou pobreza, com fontes de renda e *status* social bastante diversos — não havia a menor unidade. Nesse contexto, atacar a nobreza como se fosse uma classe particular era quase como atacar um fantasma. Na verdade, ela *foi* atacada; pretendo, contudo, mostrar mais adiante que outros motivos de inimizade também concorreram para fazer do nobre um objeto de hostilidade.[30] Tudo o que precisa ser demonstrado aqui é que o ataque ao feudalismo não pode ser tido como um simples ataque aos nobres como tais.

Mas, então, qual era o objeto do ataque? Uma opinião genérica, endossada pelo professor Reinhard, é a de que se tratava dos *droits seigneuriaux*[31] [direitos senhoriais]. Já sugeri que chamar esses pagamentos em dinheiro ou mercadorias, ou por serviços prestados, ainda de "feudais" no século XVIII é estender o significado do termo a um ponto em que ele perde toda a substância histórica. Ainda há outras dificuldades. A incidência dos direitos senhoriais variava bastante de província para província. Parece que, relativamente, tinham pouca importância em regiões do Maine,[32] na Alsácia,[33] Anjou, Bordelais, Guyenne.[34] Nos *cahiers* do *département* de Sarthe, os camponeses não atacavam nem mesmo — exceto raramente — usavam o termo *droits féodaux* [direitos feudais]. Criticavam as taxas isoladas e específicas, mas, mesmo com respeito a isso, de 300 paróquias, apenas 20 pediram a supressão de tais taxas sem indenização.[35] Os *cahiers* de Neubourg, na Normandia, reclamavam contra a *taille* [talha], mas não contra o sistema senhorial.[36] Talvez seja essa a razão pela qual, nos distúrbios rurais de 1789, o *seigneur* de Neubourg não tenha sido incomodado.[37] O marquês de Ferrières, representante da nobreza de Saumur em 1789, não sofreu nenhum ataque durante a Revolução, embora não tenha deixado de levar alguns sustos. Como muitos outros nobres, ele escapou da prescrição e ficou livre e tranqüilo em seu castelo.[38]

Trata-se, sem dúvida, de exemplos raros. Teria sido igualmente possível, no caso da escolha de um outro exemplo, ou de outros mais famosos, traçar o perfil de uma ofensiva de maior vulto dos camponeses contra os direitos senhoriais. Todavia, essas ofensivas eram tão comuns que nem sempre tomavam formas violentas. O *Ancien Régime* fez com que a classe camponesa se acostumasse com litígios, e os camponeses que suspeitavam da legalidade dos títulos senhoriais e duvidavam da veracidade dos *terriers* nos quais esses títulos estavam registrados, punham-nos à prova com freqüência nas cortes da lei. O *tiers* do *bailliage* de Saint-Omer exigia o abandono da máxima legal *nulle terre sans seigneur* [não há terra sem senhor] e sua substituição pela que dizia *nul seigneur sans titre* [não há senhor sem título].[39] Outro *cahier* do Pas-de-Calais insistia em que nenhum *terrier* podia ser estabelecido sem autorização da Coroa ou de um tribunal soberano e sem notificação pública divulgada quatro vezes durante quatro quinzenas seguidas.[40] Sem dúvida, a reforma dos *terriers* era comumente usada como um meio de reviver ou aumentar as recompensas senhoriais, embora não se possa estar seguro nem mesmo a respeito da hipótese razoável de que os camponeses fossem sempre contrários a essa medida. Num *cahier* de Autun, os camponeses reclamavam que o *terrier* estava tão velho que eles não sabiam a quantia que deviam e pediam permissão ao rei para solicitar ao *seigneur* deles a renovação do documento.[41]

Contudo, mesmo com todas as restrições e limitações que tenhamos de apresentar, a estreita associação — que corresponde quase a uma identificação — entre o ataque aos direitos senhoriais e o ataque ao "feudalismo" deve continuar sendo o fato básico no qual se deve concentrar toda discussão sobre o "feudalismo". Se o "feudalismo" em 1789 não correspondia aos direitos senhoriais, a que correspondia? Para tais direitos, devemos, por conseguinte, voltar nossa atenção.

5

O Ataque aos Direitos Senhoriais

Encontram-se referências de época, no século XVIII, que confirmam a opinião de que os direitos e tributos senhoriais estavam, na prática, bastante obsoletos. Em 1735, d'Argenson escreveu: "Só restou a sombra da *seigneurie*", e, um pouco depois, Letrône: "Não há nada de real no feudalismo exceto as despesas, o que equivale a dizer que não há nenhum benefício exceto para os promotores e compiladores dos *terriers.*" Porém, eles mesmos anulam mutuamente o que disseram quando Letrône denomina esse fato de "mal social", e d'Argenson acrescenta: "ainda assim, isso é importuno e prejudicial". [1] Sem dúvida, os direitos senhoriais sobreviveram — mesmo que isso não se tenha dado de forma tão global quanto geralmente se supõe — e foram objeto de ataque generalizado; mas será correto descrever esse ataque como uma luta da burguesia contra o feudalismo? Já comentei que confundir o sistema dos direitos senhoriais com o feudalismo é historicamente injustificável; todavia, podemos deixar isso de lado provisoriamente como uma questão de terminologia, embora não se reduza a tanto: M. Méthivier, assim como outros historiadores franceses, protestou com justiça contra a tendência de se confundir os termos feudal e senhorial. [2] Contudo, há um problema envolvido que constitui uma questão de veracidade histórica. Será válido identificar-se a burguesia como força social responsável pelo ataque aos direitos senhoriais?

Essa não é uma dúvida nova. Georges Lefebvre salientou que até o dia 14 de julho de 1789 os burgueses não tinham nem o desejo nem a intenção de atacar os direitos senhoriais,[3] e que não tinham nenhum propósito de pedir o auxílio dos camponeses nas revoltas ou de extinguir os direitos senhoriais sem indenizações.[4] Foi observado, há muito tempo, que a extinção dos direitos senhoriais não se encontrava entre os artigos dos quais os *cahiers* dos *bailliages* pediam adoção imediata ou, quando se encontrava, isso ocorria apenas nos distritos onde as cidades ou eram raras ou tinham pouca importância, como por exemplo na Bretanha.[5] Não faltam provas para confirmar esse fato. Bastam uns poucos exemplos. O *cahier* de Reims ignora totalmente o assunto,[6] assim como o de Rouen.[7] Os camponeses de Neubourg, na Normandia, reclamam da *taille*, mas não do regime senhorial.[8] A Normandia deve ter sido uma área de exceção, na qual os direitos senhoriais tinham apenas pequena importância. Um outro exemplo é fornecido pelo *bailliage* de Mirecourt, em Lorena. Aqui, o *cahier* original da cidade não faz nenhuma menção a direitos senhoriais; por outro lado, os *cahiers* do campo estão cheios de protestos e pedidos de que tais direitos sejam suprimidos, às vezes com — e às vezes sem — indenizações. No *cahier* definitivo, redigido para todo o *bailliage*, era evidente a impossibilidade de se ignorar totalmente o assunto, mas os citadinos, cuja influência era dominante no *cahier* do *bailliage*, livraram-se do que parece ter sido um empecilho para eles, alegando que não achavam nada provável que os *États généraux* estivessem interessados na questão.[9] Quando os *cahiers* dos *bailliages* reconheciam de fato a necessidade de se fazer algo a respeito dos tributos senhoriais, no mais das vezes essa exigência era atenuada, pondo-se a extinção nos termos de um *rachat* [resgate] — extinção apenas em troca de um preço de compra. Como foi declarado no *cahier* de Autun: "Ao abolirem-se essas servidões, os *seigneurs* não devem ser sacrificados."[10]

Uma outra mostra da atitude dos habitantes das cidades está no fato de que existia um direito senhorial — se é que pode ser chamado assim — ao qual eles comumente se opunham. Todavia, tratava-se do franco-feudo e não era um pagamento para o *seigneur*, mas para a Coroa, uma obrigação sobre parte de um feudo que tinha passado do domínio de um nobre para mãos não-nobres. O motivo para que se exigisse a extinção desse direito foi expresso abertamente pelo *tiers état* de Rouen, ao acentuar que o franco-feudo prejudicava a venda da propriedade.[11] Os *cahiers* das Flandres valãs queixavam-se que, ao se impedir os *roturiers* de comprar feudos, estes diminuíam de valor; os nobres do *bailliage* de Lille pediam a extinção do direito para propriedades que valessem menos de 100 mil libras.[12]

Afora o franco-feudo, os *cahiers* das cidades relutavam visivelmente em sugerir que algo devia ser feito a respeito dos tributos senhoriais. Contudo, é verdade que a Assembléia Nacional realmente deu o passo decisivo no sentido da extinção desses tributos. Seja como for, deve-se levar isso em conta. E não há dificuldade em fazê-lo. É admitido por quase todos os historiadores modernos da Revolução que o que forçou a Assembléia Nacional a tomar as decisões do dia 4 de agosto foi a ampla e alarmante revolta dos camponeses, que se deu na primavera e no princípio do verão de 1789. O ponto de vista, aceito no passado, de que o 4 de agosto representou uma manifestação espontânea de idealismo por parte de uma assembléia — formada por nobres, clérigos e burgueses — ansiosa para libertar do seu fardo os camponeses oprimidos não sobreviveu a um exame mais detido dos acontecimentos. Vários dos membros mais liberais — mas também mais sensatos — da Assembléia chegaram à conclusão — a mais correta, provavelmente — de que, se não se fizessem concessões aos camponeses, a França rural continuaria, toda ela, num estado de rebelião permanente. Os atos generosos de 4 de agosto foram idealizados previamente e programados para uma sessão noturna na esperança de que muitos dos membros resistentes a tais atos não se encontrassem ali. Na verdade, uma onda de emoção atingiu os membros presentes, e muitas outras concessões, além das que certamente estavam previstas, foram anunciadas de maneira espontânea. Porém, as decisões foram reconsideradas durante os sete dias que se seguiram, de 4 a 11 de agosto, quando então se deu uma forma específica às normas anunciadas em meio ao entusiasmo da primeira noite. Foi nessas discussões e na legislação resultante delas que se enfatizou a intenção de acabar com o feudalismo; porém essa intenção não teve como objetivo estender, mas sim limitar o alcance das mudanças.

A Assembléia baseou seu conjunto definitivo de leis na distinção entre a propriedade feudal e a não-feudal. Na verdade, tratava-se de uma distinção quase impossível de ser feita. A falta de diferença entre uma e outra tinha sido facilitada por ficções legais. Por exemplo, quando um *seigneur* no Norte vendia o direito de *terrage* (um pagamento, ou *cens*, sobre a colheita, porém vinculado à terra e não ao tipo de produto) sem especificar que estava ao mesmo tempo alienando o *directe*, ou o título senhorial, esse direito tornava-se, nas mãos do novo proprietário, um simples arrendamento de terra. [13]

Outro exemplo da dificuldade de se distinguirem os privilégios feudais dos direitos de propriedade é a questão dos bancos reservados para os senhores de terra nas igrejas. Esse parece ser o caso mais típico de simples privilégio que se esperaria encontrar; porém, as petições enviadas ao Comitê Feudal mostram que a questão nem sempre era tão simples. Quanto a isso, o diretório do *département* de Finistère explica que, em 1741, foram doadas duas colunas de mármore para a igreja de Saint-Louis, em Brest. Em 1751, os filhos do doador pagaram para que a coluna fosse esculpida com a condição de que a família deles ganhasse a posse perpétua de um banco na igreja. O confisco desse banco, diz o diretório, constitui uma violação do direito de propriedade. Ou se restituía essa posse, ou pelo menos as 2.500 libras pagas para se esculpirem as colunas deveriam ser devolvidas, já que não se poderiam devolver as próprias colunas. [14]

Em agosto de 1791, um cidadão de Caussade, em Lot, dizia ter possuído em tempos passados o direito a um banco na igreja, vendido por ele em 1776. O comprador, que agora tinha sido intimado a renunciar ao direito, solicitava a devolução das 400 libras do preço de compra. O peticionário então pedia um parecer sobre sua solicitação. [15] De Carcassonne veio a sugestão, em abril de 1790, de que os direitos relativos aos bancos de igreja deveriam ser extintos quando eles se baseassem unicamente no direito senhorial, mas deveriam ser preservados no caso daquelas pessoas que os tinham obtido ao fundarem capelas ou fazendo restaurações consideráveis no edifício da igreja, contanto que suas contribuições constituíssem uma importância em dinheiro suficiente que representasse um rendimento igual ao arrendamento anual de um banco de igreja.[16]

A tentativa de fazer uma distinção entre os pagamentos e serviços que eram feudais dos que não o eram — nesse caso, suscetíveis de serem julgados estritamente como direitos de propriedade — não se mostrava eficaz naquela época, já que por séculos eles tinham se sujeitado a serem comprados e vendidos. Tal fato foi usado pela Assembléia numa tentativa de salvar o que podia ser salvo das ruínas das propriedades senhoriais, e uma grande parte dessas propriedades seria salva se a Assembléia tivesse conseguido alcançar seu objetivo. A Comissão Feudal, com a tarefa de pôr em prática a legislação feita de 4 a 11 de agosto, adotava, sempre que possível, o ponto de vista favorável ao dono dos direitos senhoriais. Desse modo, ela decidiu que a *mainmorte réelle* seria considerada um pagamento do servo liberto em troca da concessão de um pedaço de terra e, portanto, um direito contratual de propriedade e não um pagamento feudal.[17] Essa Comissão adotou a interpretação da *triage* que fosse mais favorável ao *seigneur*. O Comitê, respondendo a uma pergunta a 22 de setembro de 1791, estabeleceu que um *ci-devant seigneur* teria os direitos mantidos, salvo se — ou até que — ficasse provado de forma clara que sua posse não derivava de uma concessão de terra original.[18]

O eminente advogado feudal Merlin de Douai, relatando à Assembléia em nome do Comitê a 8 de fevereiro de 1790, praticamente admitiu que seu objetivo era consolidar os tributos antigos com novo nome. "Ao dizerem destruir o regime feudal", falou à Assembléia, "vocês não estavam querendo dizer despojar, dos feudos que estavam no poder deles, os legítimos proprietários; todavia vocês mudaram a natureza dessas propriedades. Livres, de hoje em diante, das leis do feudalismo, essas propriedades continuam sujeitas às leis dos bens de raiz; numa palavra, elas deixaram de ser feudos e tornaram-se verdadeiras propriedades livres e alodiais (*alleux*)... Não existem mais feudos; portanto, todos os tributos práticos (*droit utiles*) que sobrecarregavam a antiga propriedade feudal não devem mais ser considerados como algo além de simples direitos de propriedade." [19]

Quase não havia dúvidas quanto aos propósitos da Assembléia Nacional e de seu Comitê Feudal. Até que ponto seriam a Assembléia e o Comitê capazes de realizá-los é um outro problema. O que aconteceu realmente aos tributos feudais nos primeiros anos da Revolução ainda está em discussão. Será que os camponeses pararam de pagar suas taxas de imediato, fossem elas legalmente pronunciadas feudais ou não? Será que foi paga alguma indenização no caso das taxas que por decreto tornaram-se adquiríveis? E se foi, por quanto tempo? Essas são perguntas de que não sabemos a resposta. Provavelmente não há resposta, ou melhor, há diversas respostas, variando de uma região para outra por toda a França. Essas dúvidas e hesitações, relutâncias e oposições passageiras não afetam o fato básico de que, de um jeito ou de outro, rápida ou lentamente, pela lei ou por usurpação, os tributos e direitos feudais desapareceram.

A pergunta que nos interessa aqui não é o que aconteceu — isso, de um modo geral, não está em discussão —, mas por que aconteceu dessa forma. Que os camponeses — e eles já consideraram essa possibilidade uma vez — lutaram pela extinção dos tributos feudais de toda a maneira possível é fácil de compreender. Mas, se "a extinção do feudalismo pela burguesia" significa alguma coisa, como foi dito acima, só pode significar a abolição dos tributos senhoriais; e o que quer que entendamos por burguesia — um ponto ao qual voltarei mais tarde —, devemos incluir nela os homens que redigiram os *cahiers* das cidades e os membros do *tiers état*, na Assembléia Nacional. Por conseguinte, o verdadeiro fato histórico que precisa ser explicado não é a suposta "extinção do feudalismo pela burguesia", mas, pelo contrário, a oposição da burguesia a essa extinção — pois que não pode haver dúvidas de que a burguesia se opôs à extinção do sistema de tributos e direitos senhoriais que representavam aquilo que sobrou — se é que sobrou algo — do feudalismo em 1789.

Será que essa reforma — mesmo que os líderes do *tiers état* nas cidades e na Assembléia Nacional só a tivessem aceitado sob pressão — era contrária a seus interesses materiais? Se isso é verdade, estaria explicada a atitude deles em 1789. Esse ponto merece investigação. Foi sugerido que por volta de 1789 quase todos os direitos senhoriais tinham sido transferidos das mãos dos nobres para as mãos dos *roturiers.*[20] A posse da terra por não-nobres já tinha começado desde a Idade Média, e isso incluía a aquisição de feudos.[21] O processo foi descrito como decapitação das classes comerciais pelo desejo de possuir terras.[22] Isso foi facilitado pela tendência inerente aos nobres de acumular débitos e desse modo serem forçados a vender suas terras ou *seigneuries.* Por volta do século XVIII, segundo Georges Lefebvre, nas Flandres valãs os direitos senhoriais constituíam um mercado tão ativo quanto as terras.[23] É claro que alguns dos próprios compradores, por sua vez, tornaram-se nobres; porém, por volta de 1789, faziam parte do *tiers état* vários possuidores de direitos senhoriais.[24] Encontram-se registros de *seigneurs* não-nobres em Guyenne,[25] por toda Bordeaux,[26] Rouen,[27] Reims,[28] Valenciennes,[29] e sem dúvida muitos outros exemplos poderiam ser reunidos.

Um único caso que em si traz interesse é o da *seigneurie* de Villeneuve-de-Rivière, na *généralité* de Auch. Jean d'Estrémé, da mesma vila, comprou a *seigneurie* em 1761. Ele era de origem camponesa, mas a família tinha se tornado rica no comércio de lã e no comércio de mulas com a Espanha; classificavam-no como *négociant.* Sua história serve também para exemplificar um outro aspecto da situação. D'Estrémé parece ter sido um verdadeiro tirano em sua vila, ávido por obter tudo o que pudesse de seus direitos senhoriais, bem como reivindicar para si a posição de "*maître et seigneur*". Ele se envolveu em longas disputas judiciais com a comunidade pela ferraria e pelo moinho e levou os litígios direto ao *Conseil du Roi* [Conselho do Rei], onde a oposição dos camponeses finalmente venceu em 1787, às vésperas de uma vitória ainda maior.[30]

A situação se repetiu quando a comuna de La Capelle-Cabanac, em Lot, protestou, em janeiro de 1790, contra uma *seigneurie* que tinha sido vendida em 1743 a um tal de Jean-Baptiste Bonnamie Duroc, um *roturier* que se apressou em adotar o título de *"messire"*, em seguida iniciou litígios contra os habitantes no sentido de exigir os tributos que lhe eram devidos e, por fim, forçou os cônsules locais a usarem capuz como parte do uniforme e prestarem juramento diante dele de cabeça descoberta e ajoelhados. Os peticionários acrescentam, como não sendo sem relação com as decisões que ele conseguiu a seu favor, o fato de que o filho dele era um *conseiller* no *parlement* de Toulouse. [31]

Um historiador moderno dos camponeses da Borgonha classificou o investimento de fortunas urbanas no campo durante o século XVIII como uma verdadeira "ofensiva capitalista". Isso destruía, diz ele, as velhas comunidades aldeãs e aplicava um golpe fatal na antiga *seigneurie.* [32] Os camponeses queixaram-se de que os velhos e bons *seigneurs* (sem dúvida, bastante idealizados em retrospectiva) tinham vendido suas terras e *seigneuries* para burgueses indiferentes aos interesses da população rural. [33] Foi mencionado inclusive que o dinheiro dos burgueses era mais perigoso para os aldeãos do que as obrigações da *mainmorte.* Em 1751, o intendente de Dijon, Joly de Fleury, escreveu a Paris dizendo que onde a *mainmorte* tinha sobrevivido os forasteiros não podiam comprar as terras dos aldeãos, porém, em outros lugares, os burgueses da cidade tinham se tornado proprietários de toda a terra e transformado os habitantes em simples trabalhadores em regime de diária. [34] Talvez seja um relato unilateral, mas não parece implausível; e nesse caso, a grande campanha contra a *mainmorte* não foi necessariamente inspirada só por sentimentos humanitários, como supúnhamos.

A ascensão da empresa capitalista na zona rural levou os donos de *seigneuries* a procurarem ter lucros elevados. [35] Há várias indicações de que os novos donos estavam dispostos a obter o máximo de retorno do investimento que haviam feito, e de que essa exigência era temida particularmente pelos camponeses. [36] É comum — lê-se no *cahier* de Albas, em Cahors — os *parvenus* abusarem da autoridade que têm.[37] Não é difícil acreditar que isso era verdade, porém mais próximo de nosso propósito está a posse real dos direitos, quer se abusasse deles, quer não. Até que ponto e sujeitos a que variações locais os direitos senhoriais tinham passado para donos não-nobres não podemos dizer hoje; mas, que esse movimento tinha ocorrido numa escala considerável e afetado a postura adotada pelas classes médias da cidade diante da questão da abolição de tais direitos, disso não se pode, racionalmente, duvidar.

O historiador russo Porchnev descreveu esse processo, cuja existência ele implicitamente admite, como uma "feudalização" de parte da burguesia.[38] Lefebvre interpreta o fato do mesmo modo e argumenta que isso levou os burgueses proprietários de terras a identificarem seus interesses com os dos *seigneurs* feudais.[39] Alternativamente, tal fato foi descrito como um "emburguesamento" da terra,[40] e Lefebvre parece percorrer um longo caminho em direção a esse último ponto de vista quando reconhece que, em parte, foi através dos direitos senhoriais que o capitalismo entrou na agricultura.[41] Os dois pontos de vista dificilmente se conciliam, sendo que o último, que parece o mais sensato, requer um exame cuidadoso.

Para compreender o problema representado pelos direitos senhoriais no século XVIII, deve-se avaliar a verdadeira natureza desses direitos. Já foi salientado que a riqueza senhorial advinha de um grande número de pequenos tributos e pretensões — algumas em dinheiro e outras em mercadorias ou serviços prestados —, cuja arrecadação efetiva requeria um controle cuidadoso. Muitos nobres, incapazes de exercer tal controle, tenderam a deixar cair em desuso seus direitos senhoriais. As *seigneuries*, como foi dito, só prosperavam nas mãos daqueles que tinham outras fontes de renda e podiam investir os lucros excedentes, assim como sua experiência em negócios, num feudo.[42] Pelo menos a respeito disso é possível classificar a assim chamada "reação feudal" não como uma volta ao passado, mas como a aplicação de novas técnicas de negociar as antigas relações sociais.[43]

Uma outra maneira de enfrentar esse problema ocorria quando o *seigneur* — fosse ele nobre ou não — a um só tempo poupava-se da preocupação de administrar e aumentava sua renda por meio do arrendamento, a corretores e *fermiers*, da cobrança dos direitos senhoriais.[44] Isso ensejou o aparecimento de uma grande classe de intermediários — juízes senhoriais, *procureurs*, notários, vários tipos de advogados — e de uma categoria inferior que incluía escriturários, cobradores, *feudistes*, para redigir *terriers*, além de outros trâmites, todos eles com interesses materiais em relação ao sistema dos tributos senhoriais.[45] Por toda a parte na Borgonha, como foi dito, o *fermier* — fosse ele proprietário ou agente — obtinha o controle das *seigneuries*.[46] O *fermier* era um pequeno negociante que comprava o direito de arrecadar os tributos ou explorava moinhos senhoriais por uma determinada importância, tirando seu lucro de tudo que conseguisse arrecadar em dinheiro além dessa quantia. Ou podia ser um camponês abastado, que geralmente controlava pequenas empresas de artesanato e atuava como intermediário na venda de colheitas, couros, lã e qualquer outro produto da propriedade.[47] Ou então era um *procureur*, notário ou outro tipo de advogado. Em seu livro *Tableau de Paris*, Mercier descreve os notários como sendo muito mais financistas do que advogados, "verdadeiros Proteus, financistas ativos, especuladores." Acrescenta ele: "A profissão tornou-se tão próspera que todo burguês, desde o mais rico até o mais modesto, deseja pôr o filho no escritório de um notário."[48]

Havia queixas generalizadas contra os excessos dos agentes e cobradores senhoriais. Os *feudistes*, ou *commissaires à terrier*, tinham interesse em aumentar os tributos ao nível mais alto, especialmente quando lhes era paga uma base de comissão.[49] Eles eram atacados implacavelmente nos *cahiers*.[50] Por descobrirem e aproveitarem-se de direitos de confisco, constituíam uma ameaça para os herdeiros.[51] Na Assembléia Nacional, na noite de 4 de agosto, D'Aiguillon argumentou que os *seigneurs* se permitiam — ou, pelo fato de cobrarem de seus agentes pagamentos vultosos, chegavam a encorajá-los nesse sentido — tirar proveito de tal sistema.[52] Os *fermiers* foram acusados de ganância e má-fé, demonstradas ao exercerem a função de cobradores de arrendamentos comuns, bem como de tributos senhoriais.[53] Nos *cahiers* de Autunois se lê que as fazendas da região eram cultivadas por camponeses que em tempos passados dividiam a produção ou os lucros em partes iguais com o proprietário. Agora, a cobrança era arrendada pelos *fermiers*, que exigiam demais dos cultivadores e lhes pagavam apenas a quarta parte dos lucros. Acatavam-se as ordens desses *fermiers* por causa dos adiantamentos que diziam dar aos camponeses durante o curso do arrendamento, embora, como foi alegado, muitos dos *fermiers* não soubessem ler ou não mantivessem livros de controle.[54]

O autor de um tratado sobre os direitos senhoriais compara o *fermier* a um "lobo saqueador livre na propriedade, que extrai dela o último centavo, oprime os habitantes da região com encargos, transforma-os em mendigos, obriga os camponeses a abandonarem a propriedade e paga ao seu dono, que se vê forçado a tolerar essas extorsões abomináveis."[55] Quando, em Auvergne, um *fermier* foi derrubado com um soco e quase morto, e um outro foi atingido por um tiro, o *sous-délégué* perdoou a ação dos habitantes em virtude do comportamento dos *fermiers*.[56]

O direito senhorial mais resguardado — e mais odiado de uma forma geral — eram as *banalités* do moinho, das prensas para produção de vinho e azeite e do forno. Entre esses o direito do moinho banal era o que tinha mais valor e se encontrava mais difundido.[57] É o abuso mais largamente denunciado nos *cahiers*.[58] Os moleiros que possuíam direitos de *banalité* exerciam uma influência repressora sobre o comércio do pão. Os padeiros reclamavam que, se eles obtivessem a farinha de trigo em algum outro lugar que não no moinho da *banalité*, tinham de pagar uma multa ao moleiro,[59] sendo que, no moinho banal, eles eram obrigados a pagar preços muito altos.[60] Uma outra conseqüência do monopólio dos moleiros estava relacionada com exigência de que fossem colocados, em cada moinho, pesos autenticados e justos.[61] Os camponeses de uma paróquia bretã reclamavam que não tinham nem pesos nem instrumentos para determinar o peso e que, quando exigiam que se pesasse a farinha de trigo, os moleiros sabiam adicionar água na medida certa para que a mercadoria alcançasse o peso que lhes era conveniente.[62] Uma outra reclamação era a de que as *banalités* tornavam-se um constante motivo de litígios.[63] Se ninguém se sujeitasse a comprar dos moinhos senhoriais — é dito de forma sarcástica num outro *cahier* bretão — todos os moleiros se tornariam homens honestos.[64]

A culpa pelo abuso dos direitos banais não recaía apenas sobre os moleiros, como mostra a história de um *seigneur*. Tendo abandonado seu forno senhorial em 1770, os aldeãos foram obrigados a construir seus próprios fornos, o que foi feito. Em 1775, o intendente do *seigneur* anunciou que seu patrão pretendia restaurar o velho forno e que qualquer habitante que fizesse uso de forno próprio, em vez de utilizar o do *seigneur*, teria de pagar uma multa anual.[65] Às vezes, acrescentava-se às críticas contra os moleiros o fato de eles serem obrigados a contar com a fraude por causa dos arrendamentos de monta que lhes eram cobrados pelos *seigneurs* ou por seus agentes.[66]

As *banalités*, por conseguinte, constituíam um abuso patente e flagrante, e em geral eram condenadas. Apesar disso, mesmo nesse caso a atitude que se observa nos *cahiers* das cidades é hesitante. No *cahier* de Mirecourt, enquanto se exigia a extinção das *banalités*, ficava estabelecido que os mesmos moleiros deviam continuar a exercer o monopólio dos moinhos.[67] Um moleiro, em Mosa, depois que a legislação de 4 a 11 de agosto tinha acabado com o sistema de *banalités*, pedia indenização, alegando ter comprado o direito de boa fé.[68] Se as *banalités* representavam o feudalismo, os *cahiers* das cidades mostravam pouca pressa em livrar-se delas. Ainda assim, devem ser vistas, com alguma sensatez, como feudais, qualquer que tenha sido a origem delas em séculos remotos? Para mim, pode-se classificar esse sistema muito mais corretamente, em termos modernos, como uma negociata comercial.

Toda a questão dos tributos senhoriais assume um aspecto diferente quando examinamos o que aconteceu realmente, em vez de procurarmos exemplos que confirmem uma teoria preconcebida. Há várias provas de que os camponeses estavam bastante conscientes do ônus que esses tributos representavam nos anos que precederam a Revolução Francesa, e é provável que esse ônus estivesse crescendo. Isso é o que se chama comumente de "reação feudal". Seria prematuro sugerir que conhecemos a situação em regiões diferentes da França com detalhes suficientes para termos certeza de qualquer interpretação em particular; porém, talvez já saibamos o bastante para nos sentirmos seguros em propor que o termo "reação feudal" é uma denominação imprópria. Mesmo se a sobrevivência ou a restauração dos direitos senhoriais pudesse ser classificada como feudal, o que ocorria certamente não era uma reação contra o passado. Se tais direitos estavam se tornando um ônus por demais pesado, isso se dava, como pode ser visto de forma bem clara no caso das *banalités,* por causa da comercialização crescente que eles representavam. Esses direitos entraram no processo de compra e venda, e aqueles que os compravam, assim como, é claro, aqueles que não os vendiam, estavam dispostos a receber seu valor em dinheiro. Há pelo menos uma justificativa para se crer que a Revolução na zona rural da França não era contra o feudalismo, mas contra a comercialização crescente; e que essa revolução não foi um movimento "burguês", mas, pelo contrário, estava em parte direcionada contra a penetração de interesses urbanos na zona rural.

Ainda resta um último álibi para aqueles que desejam identificar o movimento dos camponeses contra os tributos senhoriais com "uma revolta da burguesia contra o feudalismo." Trata-se da descoberta de uma classe chamada — entre outros nomes — de "burguesia rural", que se supõe tenha liderado e lucrado com o movimento contra o sistema senhorial. Se essa classe agiu desse modo, foi claramente em oposição à burguesia urbana, o que torna quase insustentável a suposição de que havia um interesse comum a toda a classe burguesa. Algo mais deverá ser dito a respeito da suposta burguesia rural num capítulo mais adiante, quando as inúmeras contradições que tornam essa concepção inconvincente deverão ser apontadas.[69]

Na verdade, não existe outra alternativa a não ser reconhecer o que qualquer historiador que examinasse os dados, livre da submissão intelectual em relação a uma teoria, estaria destinado a reconhecer. A abolição dos tributos senhoriais foi uma conquista dos camponeses aceita a contragosto pelos homens que redigiram os *cahiers* das cidades e dos *bailliages* e imposta à Assembléia Nacional levando-se em conta o receio que uma revolta camponesa provocava. Ou seja, a "extinção do feudalismo pela burguesia" assume a aparência exata do mito que, numa palestra há oito ou nove anos, sugeri que ela fosse. Até agora, no entanto, a discussão voltou-se principalmente para a natureza do assim chamado feudalismo do século XVIII. Mesmo se concordarmos que por feudalismo só se pode entender a sobrevivência de um sistema de tributos senhoriais, e que tais tributos foram abolidos como resultado da ação dos camponeses e contra a vontade e os interesses dos elementos da cidade que lideraram a Revolução, isso não significa negar que em outros aspectos possa ter havido uma revolução "burguesa". Por conseguinte, temos que perguntar quem de fato eram os burgueses revolucionários.

6

Quem eram os Burgueses Revolucionários?

Os historiadores geralmente concordam que a Revolução foi uma revolução burguesa. "A classe", escreve Mathiez, "que estava para tomar o comando da Revolução estava totalmente consciente de sua força e de seus direitos."[1] Albert Soboul repete o mesmo raciocínio: "A burguesia comercial e industrial tinha uma consciência aguçada da evolução social e do poder econômico que ela própria representava. Essa classe conduziu a revolução — sabendo com certeza quais eram os próprios interesses — a alcançar seu objetivo."[2] Tudo isso é tão claro e óbvio e simples que se é tentado a fazer algumas perguntas também simples e óbvias. Em primeiro lugar, tratava-se de uma classe? Mathiez, penso, não teria tido dúvidas. M. Soboul é representante de uma geração mais moderna de historiadores e não pode escapar à influência de uma análise mais sofisticada. Caindo em contradição em relação a seu primeiro veredicto, ele diz: "A burguesia era multiforme, não formava uma classe homogênea."[3]

Uma análise minuciosa é fornecida por Georges Lefebvre, que divide a burguesia francesa do século XVIII em cinco grupos: a) burguês propriamente dito, "vivendo como um nobre em sua propriedade"; b) os membros da administração real, os *officiers*, proprietários de cargos venais, alguns deles tornados nobres; c) os advogados — notários, *procureurs, avocats;* d) os indivíduos que exerciam profissões liberais — médicos, cientistas, escritores, artistas; e) o mundo da finança e do comércio — construtores de navios, negociantes por atacado, empresários e as categorias mais elevadas de financistas, a começar pelo *fermier-géneral.* [4] Dentro de cada um desses grupos havia níveis bastante diferentes de riqueza e *status*. O comportamento de cada um durante a Revolução variou enormemente, do mesmo modo que os efeitos da Revolução sobre eles, embora o uso do termo burguesia tenha encoberto essas diferenças. Já que os próprios historiadores usaram invariavelmente esse termo, talvez eu tenha de fazer o mesmo ao me referir a suas opiniões, porém isso não deve ser tomado como mostra de nenhuma aprovação à idéia de ter havido uma classe burguesa ampla e uniforme.

Há uma suposição generalizada de que no século XVIII se assistiu à ascensão das classes médias na França como um todo. Já me referi, acima, às ambigüidades envolvidas na idéia de ascensão das classes. [5] Mesmo deixando isso de lado, devemos pelo menos perguntar se essa suposição generalizada é verdadeira no que concerne a todas as categorias mencionadas acima. Há várias provas de que, no século XVIII, houve um aumento da prosperidade no âmbito das finanças e dos negócios. As finanças, sobretudo, representaram um modo de ascender socialmente nesse âmbito: a posse de riqueza — em quantidade suficiente — era uma chave que abria quase toda porta. As referências aos *hommes nouveaux,* [homens novos], *nouveaux riches* [novos ricos], *conquérants financiers* aparecem em grande número na literatura do século XVIII. Marion se refere à "ostentação do 'homem novo' que se tornou o dono de grandes propriedades por meio de transações financeiras." [6] Sénac de Meilhan, escrevendo na época, chamou a atenção para a maneira como grupos sociais diferentes estavam se unindo. "Os filhos dos financistas", escreve ele, "ascendiam a posições na magistratura e alcançavam os níveis mais altos, até mesmo no governo. A riqueza dos financistas tornou-se o recurso das grandes famílias em dificuldade e as uniões matrimoniais se multiplicavam entre as casas nobres mais importantes e os financistas ricos." [7] "As pessoas de posição", escreveu Duclos em 1750, talvez com alguma dose de exagero, "já não têm mais o direito de menosprezar as finanças, uma vez que poucas dessas pessoas não estão ligadas ao mundo das finanças pelo casamento." [8]

Em segundo lugar, existiam os maiores comerciantes, aumentando em riqueza e influência em portos como o de Bordeaux e o de Nantes, assim como, embora de forma menos espetacular, numa cidade mais industrial como Rouen. [9] Eles formavam apenas um pequeno grupo, fato que foi ocultado pelo uso do termo comerciante que — como foi dito acima [10] — abrangia desde os príncipes comerciantes de Bordeaux até o vendedor ambulante de vila. Longe de haver algum senso de solidariedade entre esses "comerciantes", o que havia era um forte antagonismo: o único sentimento que os ricos *négociants* tinham em relação a seus companheiros de camadas inferiores era o desprezo.

O conceito de comerciante abrange um verdadeiro emaranhado de termos — *négociant, trafiquant, grossier, commerçant, régratteur, détailleur* —, sendo que nunca podemos tomar nenhum deles em seu valor real, porque fazia parte da natureza do comerciante classificar a si próprio usando uma palavra que se aplicava estritamente a uma categoria mais elevada. Para nos reportarmos mais uma vez a um exemplo já citado, o agente secreto bretão Noël Prigent, que servia aos ingleses de Jersey, dizia ser um *"né négociant"* [negociante nato]. Quando, numa de suas missões a serviço dos monarquistas, na Vendéia, munido de uma carta de crédito concedida pelo governo britânico onde figurava como "embaixador", ele foi capturado, as autoridades revolucionárias acharam a maior graça nas pretensões "desse tal de Prigent" que, disseram eles, era conhecido por conduzir um carrinho pelas ruas de St. Malo, vendendo maçãs e pêras.[11] Mesmo se fosse exagero deles, ao menos esse *négociant* em particular podia ser classificado — não de forma implausível — como um carreteiro.

Mesmo na Assembléia Constituinte existiam muitos indivíduos classificados de comerciantes que eram oriundos de cidades pequenas demais para que se supusesse haver nelas algum comércio de vulto. O intendente de Alençon escreveu que o comércio em sua província era "*fort peu de chose*" e que seus comerciantes eram "*fort peu aisés*".[12] Isso não queria dizer que eles estivessem condenados a permanecer assim. Um estudo feito recentemente da área que era para ser o departamento de Sarthe sugere que os negociantes modestos dos pequenos burgos estavam aproveitando a estreita relação que tinham com os camponeses para agirem como intermediários, vendendo e comprando desses camponeses, explorando seu trabalho artesanal, atuando como agentes senhoriais, comprando pequenas porções de terra, ganhando com o aumento do valor dos arrendamentos, construindo suas propriedades antes e depois da Revolução.[13] Apesar do importante componente de riqueza e, comparativamente, de pobreza que a situação encerrava, nos dois extremos da escala social os interesses comerciais pareciam, em geral, estar aumentando — mas aumentando em que sentido?

Com relação a esse assunto, pouca coisa precisa ser dita sobre os industriais. Eram poucos e não exerciam influência, além de terem tido uma atuação insignificante na história da Revolução. Como Saint-Simon escreveu: "Não foram os industriais que fizeram a revolução. Foram os burgueses." Uma afirmação que incidentalmente, sugere que não era comum incluir os industriais no termo "burgueses".

Contudo, até agora não falei daqueles que, no século XVIII, eram considerados os burgueses propriamente ditos. Eles eram representados pelos *rentiers* e pelos proprietários que viviam "como nobres", ou seja, sem exercerem nenhuma profissão e em função de *rentes* advindas da propriedade, do governo ou de empréstimos privados. Pela sua riqueza e seu modo de vida, esses burgueses pertenciam à nobreza moderadamente próspera e compartilhavam, em alto grau, um destino — qualquer que fosse ele — igual ao dela na Revolução. Estando ou não em ascensão, esses burgueses não pertenciam a um grupo social revolucionário, mas sim conservador.

Ainda faltam, da lista de Lefebvre, os *officiers*, que detinham cargos venais, eram funcionários inferiores da administração real, advogados e profissionais liberais. No caso deles, a classificação de advogado é genérica demais para ser útil a uma análise social, ou tem a utilidade que teria, hoje em dia, a classificação que se baseasse na posse de um diploma universitário. Mesmo entre aqueles que correspondiam a uma ou outra das várias funções legais, as diferenças eram tão grandes que tornam qualquer abordagem ilusória. A respeito do único grupo mais amplo e claramente identificável, no entanto, podemos fazer algumas afirmações seguras. Um grupo social que claramente não aumentava sua riqueza e apenas mantinha com dificuldade os bens que possuía era o dos *officiers*. Prova disso é a diminuição do valor dos cargos venais e a dificuldade em se achar compradores para eles. [14] A diminuição parece ter sido generalizada, desde os cargos dos *parlements* até os cargos inferiores, [15] embora até o fim do século XVIII essa diminuição fosse bem menos manifesta nos cargos dos *parlements* do que nos dos *présidiaux, élections, maréchaussées* e outros tribunais regionais.[16] Um exemplo específico, vindo do extremo mais baixo da escala social, é fornecido pelos *huissiers* [porteiros] e bedéis em Rouen que se queixavam, em 1789, de que seus cargos, que valiam 3.000 libras cada um em 1700, valiam agora apenas 300 libras e que de 22 cargos, 12 estavam vagos. [17] Do mesmo modo, o *bailliage* de Rouen, que no passado possuíra 29 *officiers*, possuía apenas 16, em 1788. [18]

Enquanto as classes ligadas ao comércio e às finanças ascendiam, então, pelo que parece, a classe dos funcionários com cargos venais estava em declínio. A conseqüência inevitável foi o conflito entre o grupo ascendente e o grupo em declínio, que tomou a forma particular de uma briga pelo domínio das cidades. Enquanto os cargos de *bailliage* continuavam pertencendo, por hereditariedade, aos velhos funcionários reais, os do governo municipal eram comprados por membros da classe comercial mais rica. Rouen era uma cidade dominada pelos grandes comerciantes, [19] e estes controlavam a municipalidade e a jurisdição consular. [20] Os *officiers*, atuantes em *chambres des comptes, bureaux des finances*, tribunais soberanos e assim por diante, constituíam uma facção conservadora que se opunha às reformas apoiadas pelos comerciantes e alguns dos advogados. [21] Um conflito parecido ocorreu em Bordeaux, onde, nas eleições para os

États généraux, em 1789, os advogados, com apoio popular, acabaram com a influência, antes predominante, dos grandes comerciantes.[22] Vire, por outro lado, tinha sido dominada pelos *officiers*.[23]

A disputa em âmbito municipal tomou também a forma de uma rivalidade em torno da administração da justiça, tendo os juízes do *bailliage* que fazer frente não apenas à competição dos intendentes e seus subordinados, mas também à jurisdição consular das cidades. Num esforço para proteger os interesses das cortes reais, um decreto de 7 de abril de 1759, sancionado em janeiro de 1764, restringiu a jurisdição consular aos limites do *bailliage* ou *senéchaussée* [senescalia].[24]

Essa era apenas parte de uma disputa generalizada por prioridade e influência nas cidades, mantida entre o mundo dos negócios e as profissões liberais.[25] Até certo ponto, é justificável classificá-la como uma disputa entre a burguesia ascendente e a descendente. Na visão de Labrousse, a burguesia em declínio era o componente dominante. O século XVIII, argumenta ele, foi um período importante de expansão econômica, de aumento da riqueza e do poder da burguesia, que levou a uma "revolução da prosperidade".[26] Esse raciocínio se baseia no pressuposto, ainda não comprovado — e, na verdade, falso —, de que os comerciantes, financistas e fabricantes prósperos provocaram e lideraram a Revolução. O inverso é que é manifestamente verdadeiro. Lefebvre chega a uma visão mais correta quando diz que os *officiers* e os profissionais liberais prepararam e comandaram a Revolução e que os homens de negócios não foram os principais determinantes.[27] O professor Marcel Reinhard concorda que os homens de negócios não atuaram de nenhum modo como líderes na Revolução.[28] Uma análise do corpo de membros das assembléias revolucionárias, mostrando a preponderância esmagadora dos funcionários do *bailliage* e dos profissionais liberais, ajuda a confirmar a mesma visão.[29] Essa era a burguesia revolucionária.

Todavia, se a escrupulosa consideração que Lefebvre tem pela evidência histórica obrigou-o a reconhecer que a liderança da Revolução não estava nas mãos da classe ascendente em âmbito comercial, financeiro e industrial, ele argumentou que ainda assim a Revolução correspondeu aos interesses dessa classe. A Revolução, escreve Lefebvre, "pela primeira vez na Europa, proclamou a liberdade de iniciativa", ela abriu o caminho para o capitalismo.[30] O professor Labrousse, do mesmo modo, vê a filosofia social da Revolução na extinção das companhias industriais e comerciais, no comércio livre e na extinção das demarcações.[31] Era essa a política burguesa e capitalista que se diz ter triunfado com a Revolução, e que pede um exame um pouco mais atento se quisermos compreender a formação e as idéias da burguesia revolucionária.

Não há dúvida de que as corporações, as companhias comerciais, as *maîtrises* e as *jurandes*, que exerciam uma força opressora no comércio e na indústria da França, estavam se desmantelando na segunda metade do século XVIII. O *métier libre* [profissão liberal] já estava difundido, e trabalhar em *jurandes* era exceção.[32] Esforços foram feitos no sentido de encorajar a população da zona rural a tomar o controle das manufaturas, que estavam restritas, na cidade, às *jurandes*. Um *arrêt* [decreto] de 7 de novembro de 1762 autorizava os habitantes do campo a comprar matérias-primas e ferramentas para a manufatura de todo tipo de tecido.[33] Por um curto período, enquanto Turgot foi superintendente-geral, as *maîtrises* e *jurandes* tinham sido extintas, só que o decreto foi revogado assim que ele deixou o cargo. As companhias industriais foram preservadas pelos *parlements* como uma maneira de controlar os trabalhadores, "essas criaturas nascidas para perturbar a sociedade", como foi afirmado pelo Parlamento de Paris em 1776;[34] porém, por volta de 1789, embora em seus *cahiers* as companhias industriais obviamente se opusessem à sua própria extinção, muitos outros *cahiers* se colocavam a favor dessa extinção.[35] A legislação da Revolução completou o processo de eliminação de tais companhias.

Havia outros pontos com os quais a legislação revolucionária referente às questões econômicas dava continuidade a tendências do *Ancien Régime*. A *loi le Chapelier* (lei de Chapelier), ao proibir os acordos dos trabalhadores para que conseguissem aumento de salário, foi classificada como uma medida, inédita e revolucionária, de defesa da burguesia em relação aos trabalhadores. Isso significa, disse Braesch, julgar a legislação pelas idéias modernas. [36] Henri Sée afirmou que ela simplesmente repetia a legislação do *Ancien Régime.* [37] O pensamento econômico mais avançado existente antes da Revolução, representado por Turgot, tinha desenvolvido algo próximo de uma teoria da lei de ferro dos salários como justificativa para que esses salários continuassem representando a quantia mínima necessária para a sobrevivência. [38] Necker, pelo contrário, sustentava que os trabalhadores estavam sendo explorados, que o progresso técnico não lhes trouxe nenhuma vantagem, e pedia uma intervenção governamental. [39] Esse tipo de visão não encontrou praticamente nenhum apoio nas assembléias revolucionárias. Uma petição dos trabalhadores de Beauvais levou o *rapporteur* [relator] da Assembléia Nacional a escrever, a 4 de outubro de 1790, advertindo os funcionários municipais de que "os salários dos trabalhadores não eram da competência deles, eles só podem ser determinados por leis naturais". [40] Para conhecer outros pontos de vista teremos de voltar nossa atenção para um nível mais baixo do que o das assembléias revolucionárias. [41]

Foi feita uma tentativa no sentido de distinguir os diferentes grupos que compunham a liderança revolucionária a respeito desse assunto, e atribuir os pontos de vista "burgueses" a um desses grupos em particular, um que fosse singular por sua composição social e suas filiações políticas. Trata-se da assim chamada *"bourgeoisie girondine, bourgeoisie d'affaires"* [burguesia girondina, burguesia negociante]. [42] A principal prova que confirma a crença na existência de um partido "girondino" com características sociais próprias é a identificação de certos líderes desse suposto partido — como por exemplo Isnard, Kervélégan, Buzot, Pétion — como homens de recursos. Todo o mito da burguesia girondina é um exemplo típico das conseqüências devidas ao desconhecimento das técnicas mais elementares da ciência social. Em primeiro lugar, antes que a existência de um grupo social amplo, coerente e influente possa ser postulada, é necessário que haja uma amostra um tanto maior do que meia dúzia de casos especialmente selecionados. Em segundo lugar, mesmo se pudéssemos identificar um partido girondino considerável bem no centro e fizéssemos uma análise de sua formação, não chegaríamos a nenhuma conclusão satisfatória, sem sabermos que comparação poderia ser feita entre esse partido e a formação de todo o grupo do qual ele fazia parte, ou seja, da Assembléia Legislativa e da Convenção como um todo. Como no caso dos "girondinos" das províncias, quase não houve tentativas nem mesmo de identificá-los.

Em seu estudo sobre os girondinos, o Dr. Sydenham mostrou que a existência de um partido girondino amplo e coerente na Convenção, formado por cerca de 200 membros apoiados pela grande maioria dos habitantes do campo, é um mito criado com intenções propagandísticas pela Montanha.[43] Na verdade, o que existia era um pequeno número de grupos políticos que mantinham uma ligação relativa, os *brissotinos*, os *rolandistas*, os *pétainistas*, como às vezes eram chamados, incluindo membros que lideravam a delegação de Gironda. Entre todos, apenas uns 20 ou 25 delegados pouco unidos podiam ser identificados. Eles não se mostravam inclinados a desenvolver nenhum programa como não demonstravam coerência política e, em todo caso, encontravam-se em número muito reduzido para serem estatisticamente significativos. Além disso, a crença de que o suposto partido girondino era representado pela classe média mais abastada, em contraste com seus oponentes na Convenção, os jacobinos, que eram mais pobres, é uma simples suposição, com pouca base factual. M. Soboul escreve de fato sobre *"la bourgeoisie montagnarde, haute bourgeoisie souvent"* [a burguesia montanhesa: geralmente alta burguesia] e concorda que, sem dúvida, grande parte da Montanha era uniformemente de origem burguesa.[44] Apesar disso, ele ainda crê que a disputa entre a Montanha e seus oponentes na Convenção — posteriormente rotulados de girondinos — tomou a forma de um conflito de classe.[45]

A impossibilidade de se distinguir a formação social do grupo "girondino", em relação à grande maioria da Convenção, levou alguns historiadores a recorrerem a uma suposta diferença demonstrada por esse grupo em suas políticas ou princípios econômicos e sociais. Infelizmente, quase não se discute mais que praticamente toda a Convenção, com muito poucas exceções, se dedicava à nova ortodoxia econômica do *laissez-faire* e do individualismo. A alegação, contudo, é a de que enquanto um partido, o girondino, apegava-se a todo custo a seus princípios burgueses, a Montanha, conforme os interesses da segurança nacional, adotava, de bom grado (ou, segundo a opinião expressa por outros historiadores, era forçada a adotar), uma política que por algum tempo protegeu os interesses econômicos das massas.[46] Mesmo que essa visão da política econômica da Montanha estivesse correta, ela não afetaria nossa opinião sobre a política social dos revolucionários, segundo a qual as medidas econômicas defendidas pela Montanha devem ser vistas como aberrações temporárias.

Qual era, então, essa política social e econômica? A visão já consagrada não pode ser melhor descrita do que pelas palavras de M. Soboul. "Assim", escreve ele, "foi derrubada a ordem econômica tradicional. Não há dúvidas de que a burguesia era, antes de 1789, a dona da produção e da troca. Porém, a política do *laisser-faire, laisser-passer* livrou as atividades comerciais e industriais dessa classe dos entraves representados pelo privilégio e pelo monopólio. A produção capitalista tinha nascido e começado a se desenvolver sobre a estrutura de um sistema de propriedade ainda feudal: a estrutura não foi quebrada. A burguesia da Assembléia Constituinte acelerou a evolução libertando a economia."[47]

Essa parece ser uma teoria bastante plausível: as dificuldades só começam a aparecer quando examinamos os fatos. Em primeiro lugar, é claro, precisamos não limitar o julgamento à Assembléia Constituinte; tampouco — independente do intervalo representado pelo período do domínio do Comitê de Segurança Pública — eu penso que M. Soboul tenha essa intenção. Se a organização da indústria, na França, era ou não era capitalista antes da Revolução tem sido assunto de debates. Jaurès, Levasseur, Germain Martin, des Cilleuls, Picard e Ardachev disseram que era; Kovalesky,

Tarlé, Petrov e Loutchitsky argumentaram que a França continuou sendo um *pays agricole* [país agrícola].[48] Trata-se, principalmente, de um problema de terminologia. O ponto essencial está em se decidir se a Revolução representa de fato um estágio importante na história econômica da França, e se o sentido em que sua influência atuou foi de fato o que foi sugerido.

As perguntas que precisam ser feitas podem ser ditas com palavras precisas. Será que a Revolução promoveu uma política de liberdade de comércio e indústria? Será que ela libertou, ou mudou de algum modo, o papel das finanças? Quais foram suas influências no comércio e na indústria da França? Essas perguntas não devem ser vistas como supérfluas e, na busca por respostas, o fato de que os burgueses revolucionários eram representados, num primeiro momento, por uma classe em declínio, formada por *officiers*, advogados e outros tipos de profissionais, e não pelos negociantes do comércio e da indústria, nos deve alertar contra as conclusões preconcebidas.

7

Conseqüências Econômicas da Revolução

A extinção das corporações industriais privilegiadas foi um dos primeiros efeitos da Revolução. Os artesãos que imaginavam que o objetivo dessa medida era permitir que eles iniciassem um negócio próprio logo perceberam que estavam errados.[1] Quem de fato ganhou, e quem perdeu, com a extinção definitiva de instituições obsoletas e anacrônicas, que tinham sobrevivido (ou tinham sido restauradas) porque serviam diretamente aos interesses financeiros da Coroa, e que efeito teve essa medida no comércio e na indústria francesas? Essas são perguntas que mereceriam um exame. Presume-se que elas não foram examinadas até agora porque supúnhamos saber as respostas: ou seja, que o efeito foi a libertação da economia francesa das obrigações feudais e a sujeição simultânea dela ao capitalismo. Este livro terá sido escrito em vão, se não mostrar que a repetição desses clichês que nada significam não substitui a pesquisa histórica.

Uma segunda conseqüência econômica da Revolução, também geralmente comentada, foi a abertura do comércio de acordo — segundo se diz — com o individualismo econômico burguês. Outra vez, deve-se apenas perguntar qual era o comércio livre que os revolucionários desejavam, sendo que nesse caso muitos trabalhos foram realizados para que tentemos uma resposta. Em primeiro lugar, parece tratar-se da extinção dos monopólios comerciais, principalmente no comércio colonial. De forma surpreendente, por meio de um decreto de 8 de março de 1790, a Assembléia Constituinte declarou não ter intenção de fazer inovações em nenhum dos ramos do comércio com as colônias:[2] isso era o mesmo que decidir continuar adotando o sistema de restrições; o decreto foi aprovado como resposta a comunicações e petições vindas das cidades comerciais. Essas petições devem ter sido preparadas com a participação dos antilhanos; porém, elas representavam a influência de um setor do interesse comercial e foram empregadas contra a liberdade de comércio, não a favor.[3]

Uma outra conseqüência prática é representada pelo Tratado de Comércio, feito com a Inglaterra. Arthur Young disse que em Bordeaux — para cujo comércio de vinho o tratado foi vantajoso — foi uma medida bem-vista.[4] Em outros lugares, no entanto, ele registrou uma forte hostilidade.[5] Por meio de um decreto de 1º de março de 1793, o Tratado de Comércio foi desfeito,[6] mas, bem antes disso, a pressão por uma política comercial mais restritiva tinha chegado a um ponto bem alto.

Havia uma diversidade muito grande entre as opiniões sobre a liberdade de comércio, em 1789: é óbvio que tais opiniões dependiam do modo como os diferentes grupos achavam que essa liberdade afetaria seus próprios interesses. Assim, os patrões mais poderosos e os trabalhadores da indústria têxtil de Reims exigiam liberdade absoluta de comércio, enquanto os interesses comerciais se opunham a isso.[7] Em Rouen por outro lado, eram os grandes comerciantes que pediam a extinção dos regulamentos sobre a manufatura e o fim das restrições ao comércio.[8]

Seria inútil tentar reunir os muitos outros exemplos existentes das variações regionais. O que foi dito até aqui já deve mostrar que não podemos supor que nós sabemos o que se queria dizer, em 1789, com comércio livre. Na verdade, quase nunca significava liberdade de comércio entre as nações. Os *cahiers* de Rouen que exigiam liberdade de comércio só se colocavam contrários às taxas municipais em artigos sobre consumo — os *octrois* e *aides*.[9] Em geral, no entanto, a exigência de liberdade de comércio deve ser compreendida em relação ao movimento centenário pela abolição dos direitos alfandegários internos, sendo que, como é demonstrado pelo Dr. John Bosher, esse movimento foi liderado, por toda a parte — e alcançou finalmente a vitória —, não pelos representantes dos interesses comercial e industrial, mas por oficiais reformados. [10]

Os comerciantes e os fabricantes às vezes apoiavam o movimento, porém os interesses comerciais em províncias como Lorena, Trois Évêchés, Alsácia, Guyenne e Bretanha temiam os efeitos da abolição dos direitos alfandegários internos no âmbito de seu próprio comércio ou em sua manufatura. Os interesses dos fabricantes em geral tendiam a apoiar a reforma, enquanto os interesses comerciais se opunham a ela. [11] Por volta de 1789, havia uma aprovação bastante generalizada à abolição dos direitos alfandegários; porém, com a atenção voltada apenas para seus benefícios imediatos, o que os negociantes desejavam era aumentar o mercado interno, além da proteção contra a competição externa. Suas petições não exigiam uma reforma geral, mas sim a extinção de alguns tributos internos específicos. [12] Do mesmo modo, os comerciantes das cidades queriam liberdade para seu próprio comércio e proibição de quaisquer possíveis rivais. Contra os comerciantes em viagem ou os vendedores ambulantes da zona rural, havia um clamor generalizado vindo do *tiers état* das cidades. [13]

Como no caso do comércio internacional, a Revolução rapidamente pôs um fim em tais idéias de um comércio mais livre, que haviam surgido nos últimos anos do *Ancien Régime*. Em agosto de 1790, os Deputados Extraordinários de Comércio [14] solicitaram ao Comitê de Agricultura e Comércio que levasse em consideração o projeto de um Ato de Navegação. [15] Os supostos líderes girondinos, principalmente Brissot e Clavière, que devem ter apoiado esse movimento — já que, como foi alegado, eles eram os representantes particulares dos comerciantes mais ricos —, pelo contrário, estavam predispostos contra a legislação comercial restritiva. [16] O líder do movimento por uma política de navegação, o alsaciano G. J. A. Ducher, falou desses líderes de forma mordaz, em abril de 1794: "Os homens que queriam declarar guerra por toda a Europa, para difundir o hábito da especulação até às menores vilas da França [seria uma referência ao fato de eles se oporem ao controle do comércio de milho?], eram os mesmos que rechaçaram o Ato de Navegação e tentaram derrubar a barreira dos direitos alfandegários, a qual protegia o comércio nacional."[17] Por outro lado, um relatório de Barère, feito a 21 de setembro de 1793, exigia a promulgação de um Ato de Navegação,[18] que foi aprovado no dia 18 de outubro, depois que a Montanha tinha tomado o poder.[19] Holland Rose argumentou que, em termos gerais, o Sistema Continental de Napoleão foi herdado dos revolucionários;[20] e esse ponto de vista foi fundamentado com uma documentação mais completa e satisfatória por Nussbaum.[21] Porém, o que Napoleão herdou foi a política da Montanha, e não a da suposta Gironda. Seria mais lógico dizer, então, que a Montanha foi a verdadeira representante dos interesses comerciais. Não sugiro isso, porque creio que toda essa linha de argumentação se baseia na interpretação errônea da composição e dos interesses sociais das assembléias revolucionárias.

Até agora, essa discussão tem se limitado às idéias políticas dos revolucionários. Não é difícil concordar que os negociantes franceses estavam ansiosos para incentivar essa legislação, já que achavam que estaria de acordo com seus próprios interesses. Durante a Revolução, livres da oposição de pequenos grupos privilegiados, eles foram capazes de garantir sua emancipação em relação à rede de monopólios, privilégios e barreiras do *Ancien Régime*. Porém, é essa a grande revolução burguesa, ou capitalista, de que nos falaram? Será que ela mudou, em gênero ou grau, a estrutura econômica básica da França? Será que ela estabeleceu uma nova classe de grandes empresários capitalistas no controle do governo e do destino da França? Essas são as perguntas sugestivas que devem ser feitas e respondidas em termos de fatos econômicos reais.

As conseqüências econômicas da Revolução, assim como as de qualquer acontecimento histórico, não foram, é claro, aquelas que tinham sido previstas. Os interesses políticos — ou de outra natureza — entram em conflito com os interesses econômicos, e estes últimos nem sempre saem vitoriosos.

Um fator determinante que influenciou e talvez tenha até dominado a situação econômica, foi um resultado da guerra revolucionária. Trata-se da perda dos mercados externos da França e, em conseqüência disso, o colapso do comércio estrangeiro.[22] A tentativa feita por Napoleão de conseguir uma compensação pela perda do fornecimento e da saída de produtos da Europa com a criação de um imponente império econômico continental foi um grande erro — de maneira nenhuma por causa das políticas protecionistas, herdadas da Revolução e do *Ancien Régime,* isso levou a um esforço de explorar o resto da Europa segundo os interesses da França.

O colapso do comércio de Bordeaux e de outros grandes portos atlânticos veio cedo, na Revolução. A prosperidade de Marselha não podia sobreviver aos sucessos navais ingleses no Mediterrâneo. Sob o jugo de Napoleão, o único comércio que floresceu foi o contrabando, que se infiltrou e se espalhou pela Europa por todas as fendas e frinchas nas fronteiras tortuosas do já decadente Império Napoleônico. Somente depois de 1825 o comércio exterior francês voltou ao nível que tinha atingido em 1788.[23]

Quase nenhum historiador deixou de aventar que a Revolução foi um desastre para o comércio colonial e externo da França. Contudo, houve uma tentativa de se propor que ela pelo menos promoveu uma industrialização em larga escala. O professor François Crouzet recentemente nos mostrou alguns fatos úteis no sentido de corrigir impropriedades históricas sobre esse assunto. Mesmo em comparação com 1789, um ano de depressão industrial, diz ele, havia na França um declínio na indústria de lã.[24] O comércio de linho sofreu bastante durante a Revolução[25] e em muitas partes, principalmente no oeste, nunca mais voltou à antiga prosperidade.[26] A algodoaria, que foi descrita como única indústria capaz de resistir a *"le mauvais temps économique de la Révolution"*,[27] deve ter conseguido isso por causa da introdução das máquinas;[28] porém, foi demonstrado que muitos dos maiores moinhos giratórios montados antes de 1789 experimentaram grandes dificuldades durante a Revolução.[29] Em Lyon, a indústria de seda e outras indústrias entraram em declínio.[30] O ponto de vista segundo o qual o crescimento do capitalismo comercial de Lyon foi um resultado da Revolução — ou pelo menos sucedeu a ela — não confere com um exame da atividade mais importante dessa cidade, o comércio de seda. Do mesmo modo que a Revolução derrubou a estrutura — herdada do *Ancien Régime* — do comércio e da indústria lioneses, o Império a restaurou.[31] Um estudo sobre os comerciantes de Toulouse os vê, sob o regime imperial, muito parecidos com o que eles eram em 1789. "Os mais ambiciosos alcançavam as posições que tinham invejado, os outros enriqueciam adquirindo *biens nationaux* [bens nacionais]. No Império, muitos dos comerciantes retornaram a uma posição quase idêntica à que haviam ocupado em 1789." Para eles, a Revolução tinha sido uma simples "*brassage en surface*".[32] Em geral, as pesquisas feitas posteriormente continuaram a confirmar a conclusão de Henri Sée de que o período revolucionário deteve o desenvolvimento industrial francês.[33]

O papel dos financistas durante a Revolução pode ser analisado com bastante brevidade. No período das guerras de Luís XIV, eles já tinham estabelecido um espaço de atuação na França. Os grandes financistas do *Ancien Régime,* aos quais me referi acima,[34] não eram, de modo algum, o grupo social menos privilegiado da França. A impopularidade deles se compara à riqueza e à influência que tinham. A Revolução não foi, certamente, a revolução deles. Alguns, como por exemplo muitos dos grandes rendeiros, pagavam por sua antiga glória com a vida, outros — especialmente por causa dos efeitos da inflação — com suas fortunas.

Porém a possibilidade de construir grandes fortunas continuou existindo, e uma classe relativamente baixa de especuladores vivia de tirar vantagem disso. Embora o Comitê de Segurança Pública tratasse os especuladores como inimigos públicos e extinguisse as instituições, como a bolsa de valores, pelas quais esses especuladores atuavam, somente uma política de controles econômicos, a qual ninguém além de uma pequena e insignificante minoria considerou,[35] poderia ter mudado essa situação. Lendo os panfletários de esquerda, tem-se a impressão de que a inflação tinha transformado a Revolução num lugar ideal para especuladores, acumuladores de rendas, partidários do monopólio, fornecedores de equipamentos de guerra, e é possível que não estejam errados em relação a isso. A relação que havia entre a especulação política e a financeira continuou sendo íntima. Para tomar o lugar dos financistas do *Ancien Régime*, com suas relações com nobres interesseiros e ministros reais, um novo homem nascia, interessado em beneficiar-se da associação que mantinha com os políticos revolucionários e os oficiais de Napoleão. Muitos dos antigos financistas perderam seus ganhos e alguns perderam a vida, quando o *boom* especulativo dos anos 1780 terminou; mas as possibilidades de uma especulação que proporcionasse lucros continuaram existindo.

O grupo dos financistas, entre todos os grupos da sociedade, era o menos comprometido politicamente. Para ele, todas as políticas e governos foram vantajosos. O grande financista suíço Perregaux podia estar, a um só tempo, financiando a compra de armas pelo Comitê de Segurança Pública e atuando como um banqueiro junto aos agentes reais, na França. Nas Guerras Napoleônicas, um tal de Ouvrard alcançou a mesma importância que um tal de Pâris-Duverney tinha alcançado, um século antes, nas guerras de Luís XIV. Na verdade, as finanças atravessaram o período revolucionário sem sofrer muitas mudanças, exceto no que diz respeito ao corpo de empregados; e uma das condições sempre presentes quando fortunas são feitas pela especulação é que elas podem se desfazer da mesma maneira. A ascensão do novo rico é um fenômeno, particularmente em períodos revolucionários, quase tão comum quanto a ascensão das classes médias; porém, ao contrário dessa última, aquela ascensão não implica nenhuma mudança social, mas apenas a mudança de pessoas.

A obsessão especulativa, que precedeu e acompanhou a Revolução, é flagrantemente mal-interpretada quando é vista — como amiúde se fez — como a ascensão de uma nova ordem social capitalista. Na verdade, os *agioteurs* eram, como foi mostrado pelo professor George V. Taylor num importante artigo, fundamentalmente diferentes dos comerciantes capitalistas do *Ancien Régime*, "com suas firmas comerciais modestas e empresas familiares, indústrias de baixo capital aplicado e as mesmas jogadas e tabus". Porém, isso não significa que eles fossem representantes, ou estivessem antecipando o futuro capitalismo industrial. "O *boom* dos anos 1780, em outras palavras", conclui o professor Taylor, "baseou-se mais nas instituições aristocráticas e monárquicas da velha ordem do que no sistema industrial e financeiro urbano do século XIX. Isso exemplifica não a chamada Revolução Industrial, mas o capitalismo de corte dos primeiros anos da Europa moderna." [36]

Examinando as conseqüências econômicas da Revolução como um todo, elas parecem ser em número surpreendentemente pequeno para uma convulsão social e política. Isso é o que Soboul, apesar de aceitar a teoria da revolução burguesa, reconhece bem abertamente. A produção industrial durante o governo do Diretório, diz ele, estava mais baixa do que a de algodão em 1789. As indústrias de lã e metalúrgica estavam estagnadas. A concentração do capital continuou se dando principalmente no âmbito do comércio, sob o comando de capitalistas antiquados, empregando mão-de-obra nativa e combinando as atividades comerciais e as operações bancárias com a organização da manufatura. Sobretudo, a França continuou sendo fundamentalmente um país rural e seus métodos agrícolas antigos continuaram inalterados. [37] Muitas estatísticas sobre esse assunto são questionáveis, porém, no que concerne ao valor delas, as cifras do comércio francês em 1825, de acordo com Henri Sée, são pouco maiores do que as de 1788. [38]

Isso não resolve inteiramente a questão. Ainda resta um refúgio para a teoria. Não se deve exagerar o progresso alcançado pelo capitalismo durante a Revolução, diz Soboul. Essa seria, antes, uma descrição incompleta para o que parece ter sido um período de sério declínio econômico. Contudo, continua ele, as circunstâncias contribuíram, em todo caso, para o surgimento de um grande desenvolvimento da economia capitalista. [39] Parece que tudo não passa de uma questão de gradação, e que no fundo não importa até que ponto a Revolução acelerou o crescimento de uma economia capitalista, já que realmente acelerou. Do mesmo modo, a real eficácia das restrições corporativas em 1789 e, em conseqüência disso, a importância da legislação da Revolução no sentido de libertar o comércio e a indústria dos laços do *Ancien Régime*, é apenas uma questão de grau. Há menos dúvidas quanto à eficácia da extinção dos direitos alfandegários internos.

Tudo isso faz parte da suposição de que a Revolução representou um passo adiante em direção de uma economia capitalista mais desenvolvida. Para que a teoria social prevaleça, é necessário que se dêem passos adiante. Quero sugerir a possibilidade de que, pelo menos em relação a alguns aspectos fundamentais, não constituiu absolutamente um passo adiante, mas antes um passo para trás, e que, ao invés de acelerar o crescimento de uma economia capitalista moderna na França, a Revolução talvez tenha retardado esse crescimento.

Como já foi dito, o que se comprova a respeito do comércio e da indústria é que a França se encontrava numa situação pior em 1815 do que em 1789. Depois de duas décadas de guerras, só se podia esperar esse resultado. Mais importante é o fato de que essa evidência acerca da organização do comércio e da indústria sugere que, de um modo geral, essa organização continuou igual, em 1815, ao que tinha sido em 1789.[40] A falta de investimentos, que tinha sido um dos fatores que detiveram o desenvolvimento industrial francês, continuou existindo. Em Dauphiné, segundo P. Léon, aqueles que possuíam capital para investir preferiam, ao risco garantido de perdas na indústria, os ganhos da especulação e do investimento em bens imóveis.[41] Os camponeses, que possuíam grande parte da capacidade produtiva do país, ainda eram bastante auto-suficientes e investiam suas economias em terras, que atraíam capital em detrimento tanto da indústria como do comércio.[42] A França não assistiria a uma revolução industrial — a não ser algumas empresas, isoladas e atípicas, em poucas regiões — antes do Segundo Império. É verdade que a história econômica da França, em sua grande parte, ainda não foi escrita. O que estou sugerindo é que tais pesquisas, da maneira como foram feitas, não representam de maneira nenhuma uma confirmação da teoria ortodoxa dos efeitos econômicos da Revolução, mas, ao contrário, lançam grandes dúvidas a respeito dela. A Revolução, em suas conseqüências econômicas, parece na verdade ter sido o tipo de Revolução pela qual esperaríamos se, como já foi proposto, ela fosse liderada não por industriais e comerciantes, mas por *officiers* e demais profissionais.

8

Uma Burguesia de Proprietários de Terra

Não se deve supor — embora Georges Lefebvre o tenha feito —[1] que estou tentando negar a existência da Revolução Francesa; eu apenas quero descobrir o que ela foi. O professor Reinhard argumentou que mesmo se descartarmos o ponto de vista de que a Revolução se deu contra o "feudalismo", ainda assim a luta contra os direitos senhoriais, contra a nobreza e contra as classes privilegiadas era fundamental nessa Revolução.[2] Isso talvez seja verdade em relação ao verão de 1789. Mas será verdade em relação aos dez anos que se seguiram? Os direitos senhoriais foram em grande parte eliminados em 1789, e sua eliminação se completou por meio da resistência obstinada dos camponeses, apesar da relutância das autoridades revolucionárias em Paris, no curso dos anos seguintes. Do mesmo modo, a nobreza legalmente chegou a um fim — mesmo se apenas por 14 anos — em 1789, como foi observado sensatamente pelo marquês de Ferrières em 20 de junho de 1790. "A nobreza", escreve ele, "na verdade já foi destruída. A extinção dos direitos e da justiça feudais e a igualdade na divisão de terras cercadas representaram para ela um golpe fatal." Nunca mais me escreva chamando-me de *Monsieur le marquis*, ele recomendou à esposa; e faça com que minha filha e meu genro deixem de ser chamados de conde e condessa. Ele chegou a pedir que as armas da família na igreja local fossem apagadas, embora, já que Ferrières era um homem cauteloso, apenas com uma cobertura de cal.[3] Finalmente, os privilégios que se baseavam na ordem, na hereditariedade e assim por diante foram extintos pela legislação de 4 a 11 de agosto de 1789. Assim, não havia necessidade de continuar a Revolução para abolir o que já tinha sido abolido.

Ainda assim a Revolução continuou, particularmente, como uma luta contra os "aristocratas" e a "aristocracia". Combatia-se na verdade a contra-revolução, porém isso significa dizer a mesma coisa usando palavras diferentes. A contra-revolução foi liderada pelos aristocratas e identificava-se com eles; tratava-se, além disso, de uma continuação da *révolte nobiliaire* [revolta da nobreza] contra o governo real, que iniciara o movimento revolucionário em 1787-8 e representara uma tentativa de instituir ou, segundo se acreditava, restaurar o governo aristocrático. Como tal, foi um movimento político que tinha ligação, em primeiro lugar, com o poder político e, só secundariamente, com o privilégio social. Por conseguinte, não é absurdo conceder que a oposição à aristocracia também seja principalmente política.

Uma indicação da natureza fundamentalmente política da luta contra a aristocracia está no próprio uso da palavra. Tom Paine, escrevendo da França a Edmund Burke a 17 de janeiro de 1790, explica: "O termo Aristocrata é usado aqui como se usa a palavra Tory na América do Norte; — em geral ela significa um inimigo da Revolução, e é usada sem aquele sentido peculiar que no passado tinha a palavra Aristocracia." [4] Os nobres podiam ser patriotas e, se o eram ou, no mais das vezes, se eram simplesmente discretos ou neutros, escapavam de ser rotulados de aristocratas, ao passo que havia denúncias freqüentes de burgueses aristocratas ou, para citar entre outros Marat, da *"aristocratie d'argent"* [aristocracia do dinheiro]. [5] No Maine, conforme nos foi contado, o termo aristocrata era empregado para designar até mesmo simples camponeses, desde que fossem contrários à Revolução. [6]

A Revolução, então, continuou sendo uma luta política contra a aristocracia — a reivindicação de um monopólio do poder político feita por uma pequena minoria da nação — depois que os primeiros objetivos tinham sido alcançados. Isso não significa afirmar que ela tenha deixado de possuir qualquer intenção ou conteúdo social, ou negar que a ação de se acabar com o poder, as riquezas e a influência — e às vezes com a própria vida — de muitos membros, ou de grupos inteiros, das classes socialmente superiores, e de substituí-las, ao fim e ao cabo, por novos homens — os "*nouveaux messieurs*", *parvenus*, fundadores das "dinastias burguesas" do século XIX — foi um fato a um só tempo social e político.[7]

Contudo, até que ponto, afora a retirada da alta nobreza de suas posições de riqueza e privilégio, havia uma mudança permanente de pessoas nas categorias mais altas da sociedade continua passível de especulações. A burguesia propriamente dita do *Ancien Régime*, assim como a nobreza pela qual ela foi rapidamente assimilada sobreviveram, em alguns casos, às agitações da Revolução e, em outros, sucumbiram. A *grande bourgeoisie* [grande burguesia] ligada às finanças, bem como os arrematantes de renda pública sofreram severamente, porém o lugar que ocupavam seria tomado por pessoas que diferiam de seus representantes apenas por pertencerem a uma nova primeira geração de ricos, em vez de pertencerem a uma segunda ou terceira. Os burgueses que tinham comprado tributos senhoriais os perderam, porém mantiveram, e provavelmente aumentaram, suas propriedades; e, como donos de terra, lucraram com a extinção à qual estavam sujeitos como donos de tributos. A burguesia formada pelos *officiers*, diz Soboul, foi destruída pela extinção da venalidade.[8] Esse é um ponto que requer investigação. Foi uma Assembléia que possuía uma grande quantidade de cargos venais que pôs em prática a extinção. A extinção se fez acompanhar de indenização e há informação de que às vezes se investia vantajosamente a indenização na compra de terras pertencentes à Igreja. Além disso, muitos dos antigos *officiers* parecem ter obtido em seguida cargos judiciais e administrativos remunerados que não diferiam dos cargos por cuja perda eles tinham sido indenizados. A pergunta que surge é até que ponto a indenização esperada foi realmente paga, embora mesmo nas categorias mais altas da burguesia do *Ancien Régime* parece provável que muitas pessoas tenham sobrevivido e prosperado, ou reaparecido depois da Revolução, e desse modo tenham contribuído para a restauração das novas classes altas da França do século XIX.

A questão de precisar se foram muitos ou poucos dos representantes da burguesia do *Ancien Régime* que sobreviveram é, no entanto, uma questão secundária. A pergunta importante a se fazer é qual era, basicamente, a organização da nova classe dominante da França que surgiu da Revolução. Já sugeri que a burguesia revolucionária era formada por aqueles que tinham tido seus cargos venais extintos, junto com os profissionais liberais, e não pelos comerciantes e industriais prósperos. [9] M. Reinhard diz isso do seguinte modo: "Foram esses advogados, esses médicos, esses *officiers* de baixas posições que conquistaram os postos do poder executivo." [10] Para os homens de negócios a Revolução foi menos vantajosa: social e politicamente eles foram menos reconhecidos do que antes da Revolução. A nova elite napoleônica era formada por soldados e burocratas. [11] Georges Lefebvre descreveu Napoleão com fidelidade dizendo que ele era fundamentalmente um soldado: "Sua preferência voltava-se para uma sociedade agrícola e formada por camponeses; a idéia de uma sociedade dominada por uma economia capitalista não lhe era simpática, chegando a ser incompatível com ele." [12] A veracidade que há no estímulo aos interesses econômicos na França, como já foi mostrado, é questionável. Embora muitos historiadores, até mesmo da época, compartilhem da crença de que a indústria de Lyon deveu muito a Napoleão, os comerciantes lioneses não pensam o mesmo. De um deles, cuja correspondência foi compilada, diz-se que não tinha palavras rudes o bastante para utilizar na crítica ao Imperador e ao servilismo que sua política encorajava. [13] A tendência, compartilhada por Napoleão, de olhar com desprezo para os homens de negócios e de excluí-los de posições que representavam prestígio social ou poder político, continuou existindo no século XIX. Como disse Michelet: *"La France n'a pas d'âme marchande"* [A França não possui espírito mercante]. [14]

Se a nova classe dominante não era formada pelos prósperos capitalistas industriais e comerciais, então, como se compunha? Apenas uns poucos exemplos foram dados até agora, porém tais exemplos e todas as outras indicações apontam para a mesma direção. Uma análise dos 600 *"plus imposés"* — aqueles que estavam sujeitos às taxas mais elevadas — de Haute-Garonne, no ano X (1801-2), mostra que eles incluíam em suas fileiras antigos nobres e membros dos *parlements, officiers,* juízes e advogados, mas que a nova aristocracia da França era formada sobretudo por proprietários de terras.[15] "Foi dito", escreve o autor dessa análise, "que o primeiro cônsul pretendia juntar, no seio de uma nova aristocracia, a velha nobreza e a burguesia industrial e comercial enriquecida por causa da Revolução. Parece, mais exatamente, que ele pretende criar uma nova nobreza, cujas cartas nobiliárquicas seriam conferidas de acordo com os bens de raiz."[16]

Não pode haver dúvidas de que a nova classe dominante era formada sobretudo por proprietários de terra. Essas eram as pessoas importantes da cidade. Sua riqueza e influência se baseavam na terra, e sua primeira intenção era aumentá-la, ampliando suas posses. Talvez Taine tenha visto algum aspecto fundamental da Revolução quando escreveu: "Quaisquer que fossem as grandes palavras — liberdade, igualdade, fraternidade — com as quais a Revolução se ornamentava, ela representou, basicamente, uma transferência de propriedade; esse era seu suporte mais íntimo, seu motivo original e seu significado histórico."[17] Curiosamente similar a essa é a opinião de Lefebvre, quando este historiador era mais jovem e empirista. Depois da extinção dos privilégios, nobres e *roturiers* se juntaram, escreve ele, numa mesma classe social. A nova burguesia era um dos *"propriétaires non-exploitants"* [proprietários não-exploradores].[18]

Esse, é claro, é um dos raciocínios generalizantes que só podem ter fundamento real depois de uma pesquisa minuciosa. Ele suscita um grande número de perguntas sobre as mudanças no domínio de terras durante a Revolução, que no momento não podem ser respondidas. Muitos dos números que dizem respeito à posse de terras antes da Revolução deixam de ter importância por possuírem um único defeito.

As dimensões das terras possuídas por nobres, camponeses, clérigos ou outros costumam ser dadas como percentagens de uma única área. A não ser que também saibamos se se trata ou não de uma terra boa para aragem, em que proporção é formada por pastos ou por pântanos, bosques ou terras áridas, esses números não esclarecem praticamente nada. A única afirmação que podemos fazer com segurança é que as dimensões das terras possuídas por diferentes classes variavam enormemente de uma para outra parte do país; e isso, sem dúvida, continuou sendo verdade depois — assim como era antes — da Revolução.

Seria interessante saber até que ponto, em regiões diferentes do país, a nobreza manteve a posse de suas terras durante a Revolução, ou as recuperaram depois de uma perda temporária. Diz se que em muitas regiões do Oeste a nobreza conseguiu conservar ou reaver a posse de quase todas as suas propriedades.[19] Sabemos também que existiam muitas compras feitas por nobres de *biens nationaux*, muitas vezes até mesmo em nome de *émigrés* [emigrados], * mas temos bem pouca idéia do que cada grupo social — a aristocracia e a alta burguesia, a classe média urbana, os camponeses em melhor situação financeira ou os mais pobres — ganhava pela venda dessas propriedades.[20] Além disso, há a dificuldade de se fazer uma estimativa confiável, já que as primeiras compras geralmente eram fictícias ou especulativas, e a venda subseqüente, especialmente quando era para camponeses, mudava toda a situação. Quem quer que fossem, era presumível que muitos dos compradores tivessem um repentino acréscimo de riqueza por causa da diferença entre o preço nominal e o preço real que era pago, em conseqüência da queda do valor do *assignat*". ** Sabemos que os ricos das cidades compravam uma grande parte dessas propriedades, mas não sabemos até que ponto a propriedade que eles possuíam era urbana, ou até que ponto era rural,

* Dizia-se particularmente dos nobres que haviam fugido para a Alemanha e a Inglaterra nos primeiros tempos da Revolução. (N.T.).

** Papel-moeda emitido pelo governo revolucionário francês, 1789-1796. (N.T.).

já que as propriedades que se localizavam na cidade eram arroladas junto com as do campo.[21] Insistimos: a área da terra em grandes propriedades, e o número de propriedades, aumentou ou diminuiu? Numa circunscrição do Oeste, a diminuição do número de proprietários nobres foi acompanhada por um aumento do tamanho das propriedades.[22]

Em que medida a nova classe de proprietários se formou a partir de seus antecessores do *Ancien Régime* e em que medida foi formada por novas pessoas, vindas de classes sociais mais baixas? Será que os exércitos revolucionário e napoleônico forneceram passe de entrada para a nova aristocracia? Será que se tratava, até certo ponto, de uma aristocracia apenas com interesses locais formada por advogados e homens de negócios que aproveitavam a oportunidade, proporcionada pelos distúrbios da Revolução, de acumularem terras ou residências e promoverem-se à categoria de pessoas notáveis na região?

Quaisquer que sejam as respostas a todas essas perguntas, o argumento central, segundo o qual essa foi uma Revolução que legou à França uma classe dominante de proprietários de terra, não foi contestado. Era, é claro, até certo ponto, uma classe e um tipo de proprietários diferentes daqueles do *Ancien Régime*, além de ser uma classe que possuía mais poder político do que sua predecessora. Se uma classe com tais características pode ser chamada de burguesia, então trata-se da burguesia revolucionária. Se ela pode ser interpretada nesses termos, pelo menos a história ulterior da França ganha muito mais sentido. Não devemos procurar em vão por uma revolução industrial inexistente num país dominado por uma aristocracia de donos de terras. Devemos compreender a resistência oferecida pelas classes proprietárias, no período da Restauração, à tentativa dos *émigrés* de reaver suas terras — agora, infelizmente, muitas delas com outros donos. Devemos olhar a monarquia burguesa de Luís Filipe do jeito que a impunidade observada durante essa monarquia nos faz ver — como um governo para e pelos proprietários de terras.[23] Devemos compreender a defesa veemente da propriedade pelas classes dominantes do século XIX e a preocupação que tinham em relação aos grandes centros de população urbana, como por exemplo Paris e Lyon. Antes de mais nada, tornar-se-á compreensível por que motivo uma Revolução que acabaria por derrubar os alicerces de uma sociedade tão extremamente conservadora como a francesa duraria até o século seguinte e mais meio século.

9

Campo contra Cidade

Até este ponto, venho examinando a teoria de que a Revolução representou a abolição do feudalismo pela burguesia e venho tentando expô-la em outros termos, tendo mais consideração pelos fatos da história da Revolução. Essa teoria obsoleta, que representou uma ajuda para a compreensão histórica no começo do século XIX, se transformou desde então numa barreira para tal compreensão. Antes de mais nada, ela representou um obstáculo para uma avaliação dos conflitos históricos reais na sociedade francesa. Uma vez que a esmagadora maioria da população da França no século XVIII se encontrava no campo, é de se esperar que alguns desses conflitos fundamentais tenham suas origens na sociedade rural; e não deve ser tão difícil descobri-los. Existe — é uma estimativa segura — muito mais material de fonte disponível, mesmo publicado, sobre os camponeses do que sobre qualquer outro grupo da sociedade francesa do século XVIII. Pela primeira vez, com a Revolução, existe documentação ampla para uma análise social da zona rural francesa. Apesar disso, afora o trabalho de Georges Lefebvre, tem havido, até os últimos anos, pouquíssima pesquisa sobre os problemas da França rural. Deve-se, talvez, atribuir isso, pelo menos em parte, aos interesses ideológicos daqueles que escrevem a história da Revolução. Foi escrito por admiradores do *Ancien Régime,* que se recusam a reconhecer a existência dos problemas dos camponeses, por historiadores políticos que não se interessam por questões sociais e por marxistas, cujo modelo de uma revolta burguesa contra o feudalismo, como já disse acima, não apenas nega que tenha havido qualquer ação independente por parte dos camponeses, mas também impede uma reflexão imparcial sobre o papel deles. É interessante lembrarmos que foram Marx e Engels que escreveram: "A burguesia submeteu o campo ao domínio das cidades", [1] frase que pode servir de epígrafe para este capítulo. A lição que eles extraíram não corresponde, no entanto, às expectativas de uma mente simplória. O *Manifesto comunista* continua a enaltecer, e não culpar, a burguesia, pois ela "libertou desse modo uma parte considerável da população da idiotice de uma vida rural". O mesmo preconceito se observa hoje em dia. Soboul, tendo admitido que Lefebvre conseguiu demonstrar a existência de uma revolução camponesa autônoma, defende a posição original ao acrescentar que é óbvio que tal revolução se deu "dentro do esquema da revolução burguesa". E continua, enfatizando o mesmo ponto: "Contudo, é necessário acentuar claramente que o objetivo fundamental do movimento camponês coincidia com os propósitos da revolução burguesa: a destruição das relações de produção feudais." [2] Por que será que isso é necessário, excetuando-se o fato de a teoria requerer tal raciocínio? Uma vez pronta a teoria, não há mais razão para que se estude a sociedade camponesa, exceto para obter exemplos que confirmem o que se sabe de antemão.

Mais sensatamente, em seus primeiros escritos, Georges Lefebvre criticou os historiadores que tendem a ver as ações dos camponeses como simples repercussão da revolta urbana, em particular a revolta do dia 14 de julho, "como se a população do campo obedecesse ao chamado dos burgueses". Ele insiste na autonomia da revolta camponesa: até o dia 14 de julho, disse ele, "a burguesia não tinha nem tempo nem o desejo de atacar o dízimo ou os direitos feudais".[3] Pode-se ir mais longe. Os camponeses não ignoravam o fato de os tributos, direitos, arrendamentos, dízimos, serviços, pagamentos em dinheiro e em mercadorias, que eles sentiam como uma grande injustiça, geralmente eram possuídos, e ainda com maior freqüência cobrados, pela burguesia. Nos anos que antecederam 1789, o antagonismo dos aldeãos em relação às cidades, o refúgio "dos covardes e dos desocupados", lar dos "capitalistas" e de seus criados, estava se tornando visível. [4] Isso se refletiu nos distúrbios dos camponeses que, tendo começado na primavera de 1789, ainda não tinham sido totalmente abafados pela legislação elaborada de 4 a 11 de agosto. Em algumas partes da França, por exemplo em Lot e Dordogne, as insurreições camponesas locais continuaram até 1790 e 1791. [5] Em Lot, em abril de 1791, essas insurreições não se voltavam mais contra as propriedades dos burgueses. [6] Mesmo em 1789, o "massacre de Ballon", responsável por duas das quatro vítimas citadas por Lefebvre em seu livro *La Grande Peur*, voltava-se contra um comerciante rico de Le Mans, enobrecido havia pouco tempo, que foi atacado como comerciante e não como nobre. [7]

Mesmo se apenas um número limitado de ataques aos *roturiers* pode ser mencionado, o *tiers état* não tinha dúvidas de que o movimento camponês representava uma ameaça à propriedade e tinha de ser reprimido. Diante da óbvia incapacidade das tropas reais ou da *maréchaussée* de restabelecer a ordem na zona rural, o *tiers état* tomou para si a responsabilidade de defender os direitos de propriedade. Ele organizou a milícia burguesa, ou Guarda Nacional, os famosos *bleus* (azuis) do oeste, enviou tropas para proteger as propriedades ameaçadas ou em expedições punitivas e capturou, aprisionou, julgou e enforcou camponeses em número considerável. [8] "A guerra de classes foi anunciada", declarou Aulard; [9] porém, isso é ignorar o fato de que os camponeses revoltosos não eram os pobres do campo ou os vagabundos que individualmente ou em bando, existiam em grande quantidade na zona rural. De certo modo, a *Grande Peur* era provocada, em parte, pelo medo em relação a esses. A última grande revolta camponesa na França foi, como se podia esperar, obra de camponeses proprietários ou arrendatários. Esse é um conflito que não cabe em nenhum dos modelos derivados da análise da sociedade capitalista industrial, e um conflito que deve atrair a atenção de todo investigador de fontes de informação que despreze idéias preconcebidas — o conflito entre a cidade e o campo.

A indignação das cidades diante dos indícios cada vez mais numerosos da independência rural tinha sido demonstrada antes de 1789. As reformas de julho de 1787 no governo local estabeleceram a criação de assembléias, que variavam de formação entre três e nove membros, nas comunas rurais. Para ser eleito para tais assembléias era necessário residir na paróquia por no mínimo um ano, assim como pagar uma taxa anual mínima. Isso significava a organização de um governo de camponeses para camponeses, que foi recebido com protestos de indignação pelos proprietários absentistas da cidade, que não tinham mais direitos eleitorais nas vilas. [10]

Uma indignação parecida, também relacionada com a concessão de direitos políticos aos camponeses, se manifestou nas eleições para os États généraux, quando os representantes das cidades tentaram, com vigor, reduzir a representação das áreas rurais. [11] Havia também, é claro, o medo de que a região rural sofresse influência da aristocracia. No Franche-Comté, onde as ordens privilegiadas tentaram estabelecer uma qualificação de elegibilidade inferior para os representantes do campo, o *tiers* defendeu até o fim uma qualificação mais alta. [12] Houve queixas quanto ao fato de as paróquias rurais não terem eleito nenhum burguês para representá-las, mas somente *laboureurs* [13] ignorantes, e quanto ao fato de os citadinos descontentes estarem apelando para o voto do campo. [14]

A redação dos *cahiers* do *bailliage* provocou intensos conflitos. Em Rouen, os representantes do campo queixavam-se de que suas opiniões não eram representadas no *cahier* do *bailliage* e brigas violentas foram deflagradas entre eles e os representantes da cidade. [15] Em seus próprios *cahiers,* os camponeses, tendo pela primeira vez em séculos a oportunidade de expressar sua antiqüíssima indignação quanto aos privilégios da cidade, não hesitaram em fazê-lo. "Os camponeses são pessoas como todas as outras e devem ter os mesmos direitos", era o protesto que se lia no *cahier* de uma vila do Artois. [16] Num *cahier* em Autun, os pequenos arrendatários da região eram descritos da seguinte forma: "Recurvados sobre a terra que eles molham com seu suor, do nascer do dia até quase o pôr-do-sol, e da qual eles tiram aqueles produtos, aquela abundância que é desfrutada pelos cidadãos das cidades." [17]

Os ressentimentos dos camponeses não se limitavam a essas queixas de sentido geral. No mais das vezes elas eram expressas de forma específica, e talvez o ressentimento mais generalizado dissesse respeito à taxação desigual da população rural. "Por muito tempo", lê-se num *cahier*, "os fazendeiros que trabalham duro, os *laboureurs* fortes e valorosos padeceram do mesmo modo sob o peso insuportável das taxas. Um grande número de exemplos prova suficientemente bem que os habitantes da área rural parecem ter sido escolhidos para serem as vítimas mais resignadas dos males da nação." [18] Ainda que — lê-se num outro *cahier* — sejamos nós que alimentamos os habitantes das cidades. [19] Nos *cahiers*, se exige a supressão das taxas cobradas apenas no campo [20] e a eliminação das isenções das cidades. [21] Em Auvergne, há a reclamação de que Clermont-Ferrand paga apenas a capitação e de que os habitantes mais ricos do campo mudam-se para a cidade a fim de fugir da tributação. [22] Por outro lado, os burgueses com casas no campo, como se afirmou, esquivavam-se de pagar a *taille*. [23] Mesmo se a idéia de que as cidades deixavam de pagar tributos constituía um exagero, ela era amplamente aceita e é difícil não acreditar que tinha um fundo de verdade.

Quando começamos a examinar os problemas sociais do século XVIII do ponto de vista dos camponeses, vão aparecendo sucessivamente aspectos inesperados. Desse modo, a substituição de uma taxa paga em dinheiro pela *corvée* [corvéia], em vez de constituir uma grande reforma, tornou-se um motivo de queixa. O fato de se encontrarem *cahiers* nos quais os camponeses pedem não a abolição, mas o restabelecimento da *corvée* é, à primeira vista, surpreendente. [24] O ponto de relevo, nesse caso, é a reclamação dos camponeses de que a taxa que substituiu a *corvée*, uma taxa que eles pagavam, servia para construir estradas usadas por comerciantes da cidade que não contribuíam com um centavo. [25]

Em todos os *cahiers* rurais havia exigências de que as *gens à portefeuille*, os capitalistas e os comerciantes também pagassem taxas.[26] A exigência da extinção do *octroi* [imposto de barreira] sobre os artigos de consumo que entravam na cidade se deve, presumivelmente, ao fato de que esse imposto era pago pelos camponeses em primeiro lugar sobre os produtos alimentícios e as bebidas que eles introduziam, mesmo quando eram vendidos ao consumidor por preços mais altos.[27]

Em todo caso, os habitantes do campo sentiam que seus interesses eram sacrificados pelos dos citadinos. Os rendeiros, diziam esses habitantes, substituíam pelo tabaco um pó "maléfico e corrosivo" para distribuição junto aos pequenos *bureaux de tabac.*[28] Perguntavam por que os camponeses não podiam comprar *eau-de-vie* [aguardente] ao mesmo preço que os nobres, os clérigos e os comerciantes.[29] As enfermarias só serviam aos pobres das cidades e aos vizinhos mais próximos deles. "O infeliz camponês, sem ajuda ou recursos", escreve um *curé* [cura], respondendo ao inquérito de 1775, "só pode escolher entre a mendicância e a morte."[30] Encontram-se pedidos de paróquias rurais que necessitavam dos serviços de um cirurgião e de escolas.[31]

Havia uma crença generalizada entre os camponeses de que eles eram explorados pelos burgueses. Como foi dito: "Uma multidão de *procureurs* e *avocats*" invade as pequenas cidades e vilas.[32] Os donos de fundições acabam com as reservas de lenha[33] e exploram as florestas, causando prejuízos para os camponeses.[34] Até mesmo os advogados entram em especulações econômicas em concorrência com a população rural,[35] enquanto — afirmam os camponeses — os citadinos tentam extinguir as indústrias rurais e proibir a atuação na zona rural dos vendedores ambulantes:[36] isso certamente era verdade. Em torno das cidades, a terra cultivada por camponeses como *métayers* geralmente pertencia aos citadinos,[37] que, como já foi observado, eram considerados patrões mais impiedosos do que os nobres.[38] Uma opinião comum tanto nas cidades como nos castelos — segundo os camponeses — era que "para ser submisso e trabalhador, o camponês deve ser pobre".[39]

Por trás de tudo isso estava o fato de que era nas cidades, local de residência da "*classe propriétaire*" [classe proprietária], que se concentrava o capital advindo das propriedades. Essas cidades removiam a riqueza da zona rural que as circundava.[40] Não é uma situação incomum na história da civilização. Observa-se a mesma coisa hoje em estados que criam poderosos impérios industriais pela exploração de camponeses severamente disciplinados, revoltados e, por isso mesmo, menos produtivos; assim também ocorria nas grandes civilizações do passado. "As cidades", escreve um historiador do Império Romano, "eram, no âmbito econômico, parasitas do campo. A terra constituía sempre o melhor investimento, e o comércio e a indústria de uma comunidade dependiam enormemente das rendas que as aristocracias rurais, assim como os proprietários absenteístas, tiravam dos camponeses. Desse modo, a população das áreas e vilas rústicas que se localizavam em torno de uma cidade se sujeitava, em muitos casos, a um padrão de vida ainda mais baixo do que o proletariado entre quatro paredes."[41]

A revolta camponesa de 1789, então, longe de ter sido uma revolta da burguesia contra o feudalismo, é mais sensatamente analisada como sendo uma manifestação do conflito arraigado e milenar entre campo e cidade. A legislação elaborada de 4 a 11 de agosto, e a interrupção que se seguiu a ela — primeiro na prática e depois em lei — do pagamento de todos os direitos senhoriais, aparentemente deu aos camponeses o que eles queriam. Essa medida certamente beneficiou os interesses daqueles que pagavam os tributos senhoriais em detrimento dos interesses dos donos desses tributos. E, como já disse, os possuidores de direitos senhoriais geralmente eram representantes da classe média urbana, de modo que, nesse caso, tratou-se de uma revolução contra a burguesia, e não a seu favor. Ainda assim, essa não é toda a história. Se admitimos que as pessoas que se beneficiaram da extinção dos tributos senhoriais foram, forçosamente, aquelas que pagavam tais tributos, então isso significa que os beneficiados foram os proprietários, que geralmente eram burgueses. No Sarthe, segundo salientou um historiador moderno, os proprietários burgueses, possuindo metade das terras, eram os maiores beneficiados das reformas.[42]

O quadro representado pela extinção do dízimo é semelhante. Sieyes, defendendo a extinção com indenização, argumentou que a medida equivaleria a despojar o clero dos benefícios característicos dos proprietários de terra, "já que cada proprietário, tendo comprado sua propriedade a um preço do qual era descontado o pagamento do dízimo, via de repente seus lucros aumentados na décima parte, que lhe era dada, espontaneamente, como um presente".[43] As leis pelas quais a Assembléia Constituinte estabelecia a extinção do dízimo concorreram bastante no sentido de assegurar que o beneficiário real quase sempre fosse o proprietário. Em dezembro de 1790, ficou decidido que os donos podiam exigir dos arrendatários de suas propriedades, como acréscimo no arrendamento, uma quantia equivalente ao dízimo; e em março de 1791, o valor do dízimo foi somado ao preço das locações concluídas antes de 20 de abril de 1790.[44]

Na medida em que os burgueses eram proprietários de terras — e muitos o eram —, então as reformas de 1789 talvez tenham feito mais no sentido de promover do que de prejudicar os interesses econômicos desses burgueses. Isso não suavizou o conflito entre campo e cidade. Ele se intensificou com a venda dos *biens nationaux* — as terras confiscadas da igreja que tinham sido postas à disposição da nação — e a subseqüente concorrência entre cidade e campo pela compra desses *biens*.[45] Mais uma vez, para extrairmos um exemplo de Sarthe, M. Bois se refere à compra dos *biens nationaux* por investidores urbanos como sendo "a brutalidade da intromissão burguesa no campo".[46]

Depois da emissão dos *assignats* e da inflação que se seguiu, o abismo se tornou mais profundo. Os camponeses se recusavam a vender seus produtos em troca da rápida desvalorização do papel-moeda. A tentativa de controlar os preços em seu valor mais alto despertava o antagonismo dos camponeses e desacreditava a república aos olhos deles,[47] enquanto os republicanos ficavam indignados com o *"égoïsme aristocratique"* [egoísmo aristocrático] dos camponeses. A deflagração da guerra civil e da guerra com outros países intensificou o conflito ao trazer a necessidade de carros e cavalos de combate, de madeira das florestas, de suprimentos de comida e forragem, de lavradores para atuarem como sapadores no exército e finalmente de alistamento compulsório.[48] Quando foram enviadas, das cidades, pequenas forças expedicionárias na forma de *armées révolutionnaires* [exércitos revolucionários] para assegurar suprimentos alimentares ao preço máximo fixado pela lei, a luta entre cidade e campo se desdobrava, ocasionalmente, em conflitos manifestos. "Esses soldados, vindos de Paris", escreve Cobb, "imbuídos da mentalidade da gente das Seções, se viam numa região rural abastecida abundantemente com produtos alimentícios de todos os tipos; eles traziam de Paris uma hostilidade justificável em relação aos camponeses que era, em alto grau, recíproca." [49]

O conflito entre cidade e campo, no oeste, alcançou seu clímax na guerra civil da Vendéia. Esse ponto foi esclarecido recentemente em artigos escritos por Arthur Tilly e no livro de Paul Bois sobre o *département* de Sarthe. Num primeiro momento, a revolução parecia estar trazendo progressos que favoreciam os interesses dos camponeses. As primeiras eleições na Vendéia, em 1789, proporcionaram-lhes o controle do governo local. Mas isso não durou. Eles foram substituídos gradualmente por pessoas da cidade entre 1789 e 1792, quando cargos locais a tempo de serviço caíram, quase completamente, sob o controle dos patriotas das cidades pequenas. [50]

Sempre se considerou que o que separava os dois lados, na Vendéia, era a questão da igreja; e isso foi repetido muitas vezes sem nos levar mais longe no sentido da compreensão da revolta. Tilly salientou, mais recentemente, que as perguntas estratégicas a serem feitas sobre a Vendéia não são de natureza doutrinal, mas sociológicas. [51] Quanto a isso, Bois ajuda a esclarecer. Ele chama a atenção para o fato curioso de que as áreas no Sarthe em que a opulência do clero foi denunciada com maior vigor, em 1789, foram também aquelas que demonstraram um sentimento mais insurreto, poucos anos depois. Esse aparente paradoxo se explica pelo fato de que essas eram ao mesmo tempo regiões onde as propriedades clericais eram mais amplas e onde, em conseqüência disso, a concorrência entre os camponeses e a gente da cidade pelos *biens nationaux* era mais intensa. [52] Deve ser mencionado, de passagem, que os primeiros líderes da Vendéia eram oriundos da plebe — o motorista Cathelineau, o couteiro Stofflet, o fabricante de perucas Gaston, o cobrador de gabelas Souchu. Os nobres só se juntaram a eles mais tarde. [53]

As primeiras batalhas da contra-revolução na Vendéia foram pilhagens violentas mas fortuitas da gente do campo contra as vilas e cidades patriotas. Nenhuma cidade, ou mesmo *bourgade* [pequena vila], ficou do lado dos revoltosos. [54] Até mesmo os trabalhadores têxteis, que tinham sido menosprezados pelos camponeses agricultores, geralmente não tomavam parte da revolta. [55] Os revoltosos da Bretanha lutavam por várias razões, e outros aspectos surgiram à medida que a revolta se desenvolvia; porém, essa revolta representava basicamente a resistência camponesa ao domínio das cidades. [56] Na Vendéia, o inimigo era sempre descrito como sendo os burgueses. [57] Um historiador mais antigo que escreveu sobre a mesma região, M. Reinhard, classificou essa luta como sendo do campo contra a cidade, [58] e há muito tempo Michelet disse a mesma coisa. "As massas populares", escreveu ele, "satisfizeram o antigo ódio delas em relação aos *messieurs* das cidades. Lá [na Vendéia], como em outros lugares, os camponeses odiavam as cidades por três motivos diferentes: como a jurisdição de onde vinham as leis, como um centro onde bancos e indústrias atraíam para si o dinheiro deles e finalmente como seu superior social." [59]

Esse conflito, que assumiu sua forma mais violenta na Vendéia, não deixou de existir no resto da França; mas talvez eu já tenha dito o bastante no sentido de justificar a classificação de um dos aspectos mais importantes da Revolução como sendo a revolta do campo contra a cidade.

10

Divisões Sociais entre os Camponeses

O "campo", ou os "camponeses" — devemos admitir imediatamente — é uma dessas fórmulas vagas, assim como os "burgueses", que não passam de invólucros ocos, sem sentido ou enganadores, a não ser que se ponha algum conteúdo concreto dentro deles. Trata-se de termos de sentido geral e variado. Contanto que os reconheçamos como tais, eles não causam nenhum dano e podem até ser úteis; porém, não se deve permitir que eles representem um obstáculo para uma análise social mais rigorosa. É óbvio que os camponeses não formam uma única massa indiferenciada, nem o campo constitui uma unidade homogênea em oposição à cidade. Em que linhas devem ser examinadas essas divisões internas?

Os historiadores tentaram adaptar a população rural ao modelo marxista, ao distinguir o que Lefebvre chama alternadamente de "burguesia rural",[1] "burguesia *campagnarde*",[2] "burguesia *paysanne des laboureurs*",[3] burguesia *rustique*".[4] A essas, M. Labrousse acrescenta as classificações de "burguesia *terrienne*"[5] e "burguesia *agricole*".[6] Entretanto, entre os camponeses havia, indubitavelmente, alguns que eram ricos e outros, pobres ao ponto da miséria total. Porém, mesmo classificar os primeiros de burgueses é bastante estranho. Assim como tentar descobrir a formação dessa suposta burguesia rural. Nesse ponto, logo encontramos dificuldades.

Lefebvre descreve sua burguesia rural como incluindo dois grupos: I) os *grands fermiers*, que possuíam pouca ou nenhuma terra mas tiravam uma renda substancial de suas atividades como agentes, despenseiros, cobradores de arrendamentos e assim por diante, trabalhando para proprietários ou *seigneurs;* II) os fazendeiros ou *laboureurs*, com terras arrendadas de importância moderada.[7] Em outros lugares, no entanto, *grands fermiers* significa fazendeiros maiores, que provavelmente não faziam parte da mesma "burguesia rural", porque nos foi dito que a "burguesia *paysanne des laboureurs*" ganha em dinheiro e força à medida que os *grands fermiers* perdem suas terras para pessoas de uma condição social mais baixa.[8] Contudo, se lê em estudos específicos que, na verdade, esses não eram grupos que se excluíam mutuamente. O grande fazendeiro arrendatário era também amiúde proprietário de uma área menor porém, ainda assim, de extensão considerável, e por isso tratava-se de um *laboureur*,[9] e vice-versa. De fato, diferentemente de Lefebvre, Soboul agrupa os *gros fermiers* (grandes fazendeiros arrendatários) junto com os *laboureurs* (proprietários moderadamente prósperos) como *"les coqs de village"*, a verdadeira *"bourgeoisie rurale"*.[10] De um modo ou de outro, a inclusão dos *grands fermiers* de acordo com o primeiro sentido — homens de negócios trabalhando para os *seigneurs* — junto com os cultivadores, fossem eles arrendatários ou donos, no mesmo grupo social, cria grandes dificuldades para Lefebvre. Quanto aos primeiros, ele diz que constituíam um tipo de *"féodalité moderne"*[11] e os opõe aos últimos, a verdadeira *"bourgeoisie rurale"*, que foi mantida longe do poder pelos homens do *seigneur* até 1789, quando essa classe assumiu o papel de liderança no campo.[12] Por outro lado, Soboul diz, em outro lugar, que a burguesia rural é a formada por notários e advogados, geralmente agentes senhoriais, enquanto que os *fermiers* ricos (cujo sentido não está claro, mas penso constituírem os verdadeiros agricultores) são excluídos desse grupo.[13] Finalmente, para Labrousse, a burguesia rural representa um *"capitalisme foncier"* [capitalismo agrário] (correspondendo a um investimento em grande escala na terra), que em 1789 parecia para a "sociedade industrial" (o que era isso, a população das cidades?) o *"fauteur de la vie chère"*. [14] Isso se adapta ainda mais a um modelo abstrato.

Se a descrição da burguesia rural no parágrafo anterior parece de certo modo confusa, receio que, ainda assim, ela seja inevitável. Mesmo com a melhor das intenções, é impossível extrair de suas várias definições ou descrições algum sentido ou coerência. Pode-se apenas concluir que esse conceito foi criado para se adaptar às exigências de uma teoria e para fornecer o equivalente da "burguesia" urbana na zona rural, explicando, desse modo, como os camponeses formavam também uma burguesia que se uniria a essa classe na extinção do feudalismo.

Mais luz — ou, para ser honesto, mais escuridão — pode ser lançada sobre o conceito de burguesia rural ao se examinar o papel que se atribui a essa classe na zona rural. Segundo Lefebvre e outros, tratou-se de uma luta pela extinção da *vaine pâture* — o direito de acesso às terras públicas. [15] A análise dessa opinião é de muito valor porque nos permitirá mencionar um aspecto curiosamente negligenciado da história agrária da França no século XVIII — toda a questão das demarcações.

Demarcação é um termo geral que encobre um certo número de operações bastante diferentes entre si — a consolidação dos títulos de posse; o *défrichement* ou roçadura, para desmatar e possibilitar o cultivo de áreas incultas; a extinção da *vaine pâture* — o direito de acesso às terras públicas; e o *partage* — partilha das terras públicas entre os habitantes da *commune* [comuna].

A respeito da primeira dessas operações, a consolidação dos títulos de posse — embora sem dúvida estivesse sendo feita lentamente, assim como tinha sido no passado e continuaria a ser agora —, a Revolução não parece ter representado uma fase importante na história dessa operação. Dificilmente se faz referência a tal fase na documentação que examinei. O *défrichement* também vinha se desenvolvendo amplamente na segunda metade do século XVIII. Já que isso geralmente significava conceder a posse individual de uma grande área improdutiva, essa operação costumava criar indignação e, durante a Revolução, deu margem a que se fizessem petições hostis,[16] embora quase nunca se conseguisse obter a anulação de demarcações antigas desse tipo, que era o que os peticionários comumente pediam. Os tópicos principais da controvérsia durante o período revolucionário não eram nenhum desses, mas antes a *vaine pâture* e o *partage.*

Decretos permitindo a demarcação das terras públicas tinham sido aprovados em uma província atrás da outra nos anos 1767-71.[17] Tais decretos em geral eram favorecidos pelos donos de direitos senhoriais, exceto na Lorena e em Champagne, onde eles já tinham o direito de *troupeau à part,* que lhes era mais vantajoso.[18] O direito de *triage,* por meio do qual o dono de direitos senhoriais podia obter 1/3 das terras públicas demarcadas, constituía, naturalmente, um atrativo para os *seigneurs.*[19] Talvez tenha sido a hostilidade dos camponeses em relação à *triage* que levou a Assembléia Constituinte, a 15 de março de 1790, a abolir esse direito. Essa decisão, se tivesse tido efeito retroativo, teria feito com que os camponeses reouvessem o domínio da propriedade comunal, do qual tinham sido espoliados. Contudo, dois meses depois, a 15 de maio, a Assembléia esclareceu que não era intenção dela prejudicar os verdadeiros direitos de propriedades. A 13 de abril de 1791, quando se repetiu a abolição do direito do *triage,* a posse de todas as terras adquiridas segundo esse direito antes de 4 de agosto de 1789 foi confirmada de forma específica.[20] Não se podia esperar muito mais daquela que era, em grande parte, uma assembléia de proprietários de terras.

A opinião de Lefebvre era a de que a Revolução foi muito mais longe que isso: ela não apenas autorizou e agravou os ataques do *Ancien Régime* aos direitos coletivos, mas estendeu a autorização da demarcação para toda a França. A Revolução não levou em conta os anseios da imensa maioria dos camponeses. Ela não possuía nenhuma política agrícola exceto a de inserir a agricultura à força nos "quadros da produção capitalista".[21] Soboul expressa o mesmo ponto de vista de forma específica. Os camponeses em melhor situação, diz ele, eram hostis em relação aos direitos coletivos que limitassem seus direitos de propriedade; ao contrário, os pobres eram presos a eles porque só sobreviviam com a ajuda desses direitos.[22]

Isso é de tal forma plausível que seria quase supérfluo confirmar se corresponde mesmo aos fatos. Não obstante, existe um fato geralmente aceito que poderia ter levantado algumas dúvidas na cabeça dos historiadores, se seus preconceitos tivessem permitido que eles avaliassem sua importância. Trata-se da pressão — enquanto a Revolução voltava-se para a esquerda, em vez de diminuir — no sentido de repartir os aumentos referentes às terras públicas. Uma conseqüência imediata da revolução de 10 de agosto de 1792 foi a legislação de 14 de agosto, na qual se propunha, além da venda, em pequenos lotes, das propriedades dos *émigrés*, a partilha (*partage*) das terras públicas.[23] O objetivo de ambas as medidas era o mesmo — vincular os habitantes mais pobres da zona rural à Revolução, como foi explicado por François de Neufchateau.[24] Isso — juntamente com a forte resistência que as propostas encontraram na Convenção — no mínimo leva-nos à questão: o *partage* foi criado no interesse de quem? Os decretos de agosto de 1792 só se tornaram leis no dia 10 de junho de 1793, quando a Revolução estava chegando em sua fase mais radical. Mesmo nessa época, o *partage* só seria posto em prática se fosse votado por pelo menos 1/3 dos membros da *commune*, e a pergunta essencial, quanto ao modo de divisão das terras públicas, foi deixada em aberto. A lei, além disso, tinha curta duração.[25]

Toda a questão do *partage* precisa, é claro, de um exame mais detido. Existem poucos documentos que atacam o *partage* sabidamente de acordo com os interesses dos pobres; porém, esses documentos são tão discordantes em relação à maior parte da documentação, que criam dúvidas quanto a sua sinceridade.[26] A facilidade com que se pode ser iludido a respeito desse assunto é exemplificada pelo comentário sobre um documento publicado como uma *glane* (aquela forma de publicação bastante tediosa dos antiquários) nos *Annales historiques de la Révolution française*.[27] O comentário esclarece que isso se trata de uma petição dos "*petits propriétaires montagnards*" [pequenos proprietários montanheses] de Cantal, reclamando do *partage* das terras públicas como tendo trazido lucros apenas para *"les cultivateurs aisés"* [os cultivadores ricos]. Quando examinamos o próprio documento, vemos que ele é bem diferente. Em vez de pequenos proprietários, seus autores se intitulam *"les pauvres"* e perguntam o que será deles — *"pauvres malheureux locataires qui n'ont ni bien, ni terre, ni maison pour les loger"* [pobres infelizes locatários, que não possuem nem bem, nem terra, nem casa para alojá-los]. Na petição se lê que os fazendeiros ricos recusavam-se a dividir as terras públicas porque eles próprios tiravam todo o lucro delas, porém deixavam-nas vazias por receio de que seus arrendatários obtivessem uma parte das terras públicas. De fato, ao invés de ser uma petição *contra* as demarcações, era *a favor* delas. Desse modo, só se tem de ler o próprio documento para descobrir que ele diz precisamente o contrário daquilo que as idéias preconcebidas levaram os historiadores a supor que dissessem.

Há de fato pouquíssima justificativa para os pontos de vista expressos normalmente sobre o tema do comportamento dos camponeses em relação às terras públicas e à demarcação dessas terras. Não resistem a um exame da maioria das petições que surgiram e foram publicadas por Georges Bourgin em 1908. O que elas revelam? Fica claro que havia um acordo no sentido de que seria prejudicial tentar dividir as montanhas e florestas e transformá-las em propriedades individuais.[28] Além disso, deve ter havido pouco empenho em se fazer isso, porque essas áreas não podiam ser usadas como campos de cultivo. Quanto ao resto, dois pontos principais surgem de um exame das petições. Primeiro, as terras públicas estavam longe de constituir o quinhão e as reservas dos pobres: pelo contrário, havia queixas constantes de que elas estavam sendo exploradas por bandos e hordas de grandes fazendeiros ou proprietários.[29] Em segundo lugar, eram os habitantes mais pobres do campo que manifestamente estavam a favor do *partage* das terras públicas, sendo que os mais bem-sucedidos eram contra a medida. Lê-se, com constância, que são os trabalhadores sem terras que pedem o *partage,* enquanto que os camponeses proprietários se opõem a ele.[30] O *partage*, dizem os primeiros em petições de 1792-3, transformarão os pobres em proprietários.[31] Eles chegam a recorrer, ocasionalmente, à ação direta, dividindo à força as terras públicas.[32] Em Lot, houve uma revolta camponesa *pela* demarcação, em 1791.[33]

Por outro lado, os Diretórios Departamentais e os Conselhos Gerais, representando a fração mais rica do povo, se opunham a isso.[34] Os camponeses proprietários olhavam a agitação com grande receio. Dar propriedade a quem não possui terra, diziam eles, era igual à *loi agraire* [lei agrária] — tratava-se de comunismo da propriedade. Os proprietários do distrito de Indeville, em Doubs, representando — segundo afirmavam — 5/6 de todos os habitantes, declararam que o direito de usufruir as terras públicas sempre tinha sido herdado junto com os direitos individuais de propriedade. "Por meio de qual estranho princípio (que não o de uma *loi agraire*)", perguntavam eles, "uma pessoa que nunca adquiriu ou possuiu nada se vê dotada da propriedade exclusiva de um patrimônio considerável, em prejuízo daqueles que sempre usufruíram de tal patrimônio?"[35] Os *laboureurs* de Saint-Jouy, na Alta-Garona, escreveram: "Um grande número de cidadãos, sem dúvida enganados e seduzidos pelos que pregam a *loi agraire*, desejam repartir a propriedade dos *ci-devant seigneurs*. Trata-se de uma vergonha flagrante que cidadãos que nada possuem, porque não gostam de trabalho, obriguem aqueles que ganharam uma pequena propriedade pelo suor de seus rostos a dividir as responsabilidades por suas iniciativas ilegais."[36]

A Assembléia mostrou que não era indiferente a esses receios quando aprovou o decreto de 18 de março de 1793, determinando a pena de morte para quem quer que propusesse uma *loi agraire*.[37] Por outro lado, o *rapport* de Fabre d'Églantine veio, com toda a força, apoiar o *partage* e até mesmo o *partage* por cabeça. "Ao determinar a divisão das terras públicas", disse Fabre, "o objetivo da lei era multiplicar o número de pequenos proprietários... Não havia mais, na França, nobres ou burgueses ou campônios... e mesmo criados domésticos deviam participar da divisão."

Ele chega a sugerir que, sem aprovar a distribuição ilegal das terras públicas, a divisão, embora feita de forma ilegal, podia ser confirmada por uma votação da assembléia dos habitantes e, desse modo, tornar-se legal.[38]

Finalmente, a norma da divisão das terras públicas foi estabelecida por uma lei de 10 de junho de 1793, que era elogiada num abaixo-assinado dos *"sans-culottes manoeuvriers et autres cultivateurs"* rurais por ter entregue *"ces vaquantes immenses"* em "nossas mãos laboriosas".[39] A alegria deles foi prematura. O problema, mesmo quando a Convenção tinha se decidido pelo *partage*, era decidir em que bases as terras públicas deviam ser distribuídas. Entre as petições pela divisão por cabeça, por lar ou família, na proporção da taxa paga, ou por uma mistura dessas normas, os pedidos de *partage* por cabeça predominaram largamente, embora os partidários dessa norma nem sempre ficassem esperançosos.[40] Aqui está um abaixo-assinado dos *"sans-culottes"* de Drôme, de 8 de janeiro de 1793, que serve de exemplo: "Depois de 14 de agosto, seremos proprietários, disseram, com lágrimas nos olhos, nossos anciãos valorosos para seus filhos. Essa alegria durou pouco. Os agitadores disseram a eles que a Convenção nunca mais instituiria o uso da divisão."[41]

Na verdade, os termos da lei de 10 de junho eram bastante precisos. Florestas, áreas localizadas sob as águas, lugares e prédios públicos estavam livres de partilha. Outras terras públicas seriam repartidas por cabeça pela população total, incluindo as mulheres, os criados das fazendas, os *métayers*. Àqueles que participavam da distribuição não seria permitido alienarem sua parte pelos primeiros dez anos. De que modo essa lei foi aplicada, ou se o foi alguma vez, é algo que não sabemos.[42] O interesse que temos nessa lei não está em suas conseqüências, que foram insignificantes, se é que realmente existiram, está antes na luz que a luta pelo *partage* lança sobre a estrutura social e as tensões características da zona rural. Apesar da decisão da Convenção, as esperanças dos camponeses mais pobres por uma repartição da terra estavam condenadas a se frustrarem. Os fazendeiros em melhor situação, os *laboureurs*, mantiveram o poder nas comunidades e foram eles que salvaguardaram os direitos das terras públicas. A suposição de que como proprietários eles deviam ficar a favor da repartição das terras públicas em propriedades individuais constitui mais um exemplo do perigo de adaptar a história a fim de que se ajuste a uma teoria.

Embora ele insista em chamá-los de burgueses (um nome curioso para camponeses proprietários), esse ponto de vista está bem próximo da opinião de Lefebvre. A *"bourgeoisie du village"* (ainda outra versão da "burguesia rural") terminou a Revolução — diz ele — rica, poderosa e numerosa [43] e, embora ao mesmo tempo a Revolução tenha conservado os grandes bens de raiz, os ganhos dos burgueses contrabalançavam as perdas da nobreza. [44] Sob o governo do Diretório, diz ele, o domínio passou para as mãos dos *matadors* das vilas, representantes dessa mesma *"bourgeoisie rurale"*. [45] Afora os problemas de terminologia, há muita coisa nesse ponto que os dados parecem confirmar. Contudo, há um elemento demasiado simplificador, passível de nos desviar do caminho certo, no fato de os camponeses proprietários, que eram fazendeiros trabalhadores, e os donos de terras amplamente absentistas que moravam na cidade, formarem uma mesma classe. Nesse sentido, a configuração geral da revolução burguesa é preservada, porém somente por meio da reunião, sob um único título, de grupos sociais com interesses radicalmente opostos e, ao mesmo tempo, ignorando-se o conflito básico entre cidade e campo, que se manteve durante a Revolução e certamente durante a história francesa até os dias atuais.

Isso envolve também uma distorção básica da história agrária da Revolução. Se os camponeses proprietários ou fazendeiros devem ser agrupados com os proprietários de terras citadinos e absentistas, é claro que não se pode admitir que eles tenham sido os defensores dos direitos de propriedade pública. Portanto, já que sabemos que uma parte importante dos direitos de propriedade pública das comunidades camponesas continuaram existindo depois da Revolução, esse fato deve ser atribuído à resistência dos camponeses mais pobres e destituídos de terras. Desse modo, temos que comprovar — a despeito dos documentos que dizem o contrário, encontrados em publicações durante uma geração — que "a '*petite paysannerie*', destituída de ou possuindo poucas terras, defenderia por muito tempo seus direitos coletivos".[46] O verdadeiro quadro é bem diferente deste. Foram os camponeses fazendeiros em melhor situação que, com seu apoio obstinado, preservaram os direitos de propriedades públicas e com o conservadorismo inerente e o poder consolidado pela Revolução estabeleceram o modelo da agricultura francesa e da vida nas vilas pelo próximo século e meio.

11

Os Sans-culottes

Até agora venho examinando a interpretação da Revolução segundo a qual ela foi feita pelas classes médias urbanas e pelos camponeses em melhor situação — o que, em grande parte, é verdade. O movimento pela distribuição das terras públicas nos fez recordar que havia também um elemento de pobreza na zona rural e que entre as categorias de camponeses existia algo próximo de um conflito de classes. Também apareciam divisões na sociedade urbana, embora talvez fossem definidas de forma menos clara. Elas se manifestavam nos indícios de um movimento proletário ou socialista que historiadores socialistas perceberam por trás do movimento burguês e capitalista.

Jaurès foi o primeiro a escrever uma "história socialista" da Revolução, porém, embora ele se tenha detido mais tempo sobre os conflitos da sociedade agrária do que muitos de seus sucessores, não descobriu a documentação referente ao movimento popular nas cidades. Mathiez foi mais longe, com sua descoberta dos *enragés*, que combinavam posturas políticas democráticas com idéias econômicas vagamente socialistas. Embora esse grupo fosse derrotado com facilidade, para o historiador a facção robespierrista dos jacobinos adotou a política dele. Ainda assim, no entanto, ele quase não examinou as categorias que ficavam abaixo da liderança da classe média.

Um passo adiante foi dado por Guérin, que tomou emprestado de Michelet sua descrição dos *"bras nus"*, porém com um conteúdo ideológico e social diferente. Ele diz que o objetivo desse grupo era persuadir os trabalhadores a não se deixarem levar por idéias de colaboração classista ou que defendessem o término da Revolução Francesa.[1] Os girondinos e os montanheses, insiste ele, pertenciam à mesma classe; eram todos burgueses e defensores fanáticos dos direitos de propriedade privada.[2] Os jacobinos, como por exemplo Cambon e Robert Lindet, eram os protetores dos capitalistas.[3] Suas opiniões encontraram a crítica severa dos historiadores comunistas ortodoxos, por ser ele, ao que parece — embora esse não seja o motivo realmente alegado — trotskista. Para se avaliar a importância total desse fato, seria necessário investigar o desenvolvimento das rixas ideológicas entre os comunistas. É provável que o historiador não-comunista se impressione com o fato de os historiadores comunistas ortodoxos terem seguido M. Guérin até um ponto exagerado, em sua interpretação da Montanha e sua hostilidade em relação a Robespierre.

Robespierre, depois de ter sido, para muitos historiadores do século XIX, o arquidemônio, de uma hora para outra foi canonizado por Mathiez como o santo da democracia social. Ainda que se tratasse de um exagero, foi uma reação compreensível contra a difamação do passado. No entanto, pela mesma razão — ou seja, sua democracia social — ele tem sido rejeitado por historiadores mais modernos. Desse modo, os decretos robespierristas de Ventôse que determinavam a distribuição, em pequenos lotes, para os sem-terra, das terras confiscadas aos *émigrés*, que Mathiez considerou o primeiro passo no sentido de uma nova revolução social e Lefebvre viu como uma medida honesta, ainda que inútil, foi posta de lado por Soboul como sendo uma simples manobra tática em meio à linha geral da revolução burguesa.[4]

O elemento ideológico quando se escreve história não é, obviamente, novo; porém, uma nova ideologia às vezes pode ajudar na descoberta de elementos novos que existiram no passado. Guérin ainda continua, na prática, embora não em teoria, no nível da revolução da classe média, por se limitar à documentação que foi publicada. De maneira mais inesperada, as categorias mais pobres da população rural aparecem em algumas das fontes publicadas, enquanto as camadas mais baixas da população urbana continuam, em larga medida, ocultas em arquivos inexplorados. Mais recentemente, no entanto, a massa dos revolucionários, dos *sans-culottes*, das *armées révolutionnaires* foi tirada dos dossiês empoeirados da polícia e se tornou tema para abordagem histórica.

George Rudé, em sua pesquisa sobre a formação das turbas que faziam as grandes *journées* [jornadas] revolucionárias, logo descobriu que a classe dos trabalhadores assalariados não era uma das categorias líderes em meio à população dos trabalhadores de Paris e que apenas poucos vestígios dessa classe foram encontrados nos movimentos políticos da Revolução. O tumulto do Réveillon, em 1789, segundo ele, foi o único movimento real feito por trabalhadores assalariados na Revolução.[5] Isso não deve estar integralmente certo; porém, sua análise das massas revolucionárias, de forma correta, não aceita o quadro tradicional que quer mostrá-las formadas por bandos de desordeiros, pela escória da sociedade, como se encontra em Taine. O professor R. R. Palmer queixava-se de que isso era desnecessário e que o dr. Rudé é um seguidor maçante de Taine.[6] Essa crítica é injusta: um preconceito não pode ser refutado por outro preconceito ou no nível de um manual, mas somente por meio de uma pesquisa histórica séria. A conseqüência efetiva da análise feita por Rudé foi mostrar que as massas revolucionárias (como ele prefere chamar a turba que fazia as grandes *journées* revolucionárias) eram compostas por um *menu peuple* [povo miúdo] — os chefes de oficina e artesãos com seus artífices assalariados e os lojistas e pequenos comerciantes de Paris.[7] Indivíduos de uma categoria social mais elevada — oficiais civis, *rentiers*, profissionais — também se juntavam a eles.[8] É claro que ninguém, qualquer que fosse sua classe, era um representante típico dessa classe. Os manifestantes que pertenciam às massas formavam uma minoria combativa, porém eles podiam ser, com justiça, identificados com os *sans-culottes*, segundo Rudé, pois esse é um termo que depois de 1792 assume uma conotação política.[9] As implicações do termo terão que ser discutidas mais tarde. Isso merece debate porque, enquanto *bras nus* é uma expressão literária surgida posteriormente, *sans-culottes* era uma expressão da época, e os revolucionários queriam dizer, presumivelmente, algo mais ou menos preciso com ela.

Isso nos faz chegar ao estudo minucioso de M. Soboul sobre os *sans-culottes*. Ele é bastante explícito ao dizer que se trata de um termo político e não designa uma classe social. "A coalizão de elementos socialmente díspares", diz ele, "foi minada por contradições internas."[10] "Um burguês patriota e republicano é livremente classificado de *sans-culotte.*"[11] Entre 343 comissários civis dos *sans-culottes* parisienses, no ano II, 26% viviam "em suas propriedades";[12] enquanto que os artesãos e lojistas, que formavam a massa popular do movimento dos *sans-culottes*, se caracterizavam por uma mentalidade *"petite-bourgeoise"* (pequeno-burguesa).[13] Por causa da presença de uma grande quantidade de pequenos proprietários entre os *sans-culottes*, eles não podem ser vistos corporificando um movimento dos não-proprietários contra as classes proprietárias, apesar da clamorosa hostilidade que tinham em relação aos ricos.[14]

Uma manifestação característica do *sans-culottisme* foi o aparecimento de pequenas *armées révolutionnaires* regionais formadas por ardorosos patriotas. Elas foram estudadas com bastante minúcia por Richard Cobb. A *armée révolutionnaire* de Paris, diz ele, compreendia elementos de diversas categorias sociais, embora a maioria fosse de artesãos e lojistas.[15] Em Bordeaux, a *armée* local incorporou alguns dos comerciantes e advogados mais ricos.[16] Os funcionários, bem como os comissários civis dos *sans-culottes*, eram das mais variadas origens sociais e, naturalmente, incluíam pessoas de *status* mais elevado do que a massa popular.[17] Apenas uma minoria de trabalhadores assalariados fazia parte das *armée revolutionnaire* de Paris: conseqüentemente, ela pôde ser — e foi — usada na repressão de movimentos pela elevação de salários.[18] Não é surpresa que Cobb chegasse à conclusão de que a classificação da *armée révolutionnaire* como *sans-culotte* é socialmente pouco precisa.[19]

O estudo do movimento dos *sans-culottes* no período pós-termidoriano, feito pelo historiador norueguês, K. D. Tønnesson, não nos ajuda a esclarecer o problema da formação social desse movimento. Ele define os *sans-culottes* como os membros do *menu peuple* que exercem ação revolucionária.[20] Isso exclui vários *sans-culottes* conhecidos, que não faziam parte do *menu peuple;* e não acaba com a dificuldade que há em dizer que esses líderes vieram das "*couches supérieures*" [camadas superiores] dos *sans-culottes*, na fronteira com a burguesia.[21]

M. Soboul, o principal historiador dos *sans-culottes*, reconhece abertamente que o termo é impreciso em relação ao vocabulário sociológico dos dias de hoje; porém, acrescenta ele, "em relação às condições sociais da época, corresponde a uma realidade".[22] Ao perguntarmos que realidade era essa, talvez não fiquemos tão satisfeitos, principalmente porque ele próprio nos havia dito, em outro lugar, que o *sans-culottisme* era uma combinação de elementos socialmente díspares. "Privilégio, riqueza em terras, direitos senhoriais, em resumo, tudo isso caracteriza uma sociedade ainda feudal", escreve M. Soboul, "e é contra ela, simbolizada pelo *aristocrate*, que os *sans-culottes*, sejam eles trabalhadores ou camponeses, se insurgem."[23] Isso é eloqüente, na verdade chega a ser tocante, mas será que nos fornece uma definição social? O fantasma do feudalismo reaparece mais uma vez para assombrar nossas discussões, só que agora, não é a burguesia que se define nos termos de sua inimizade em relação ao feudalismo, mas os *sans-culottes*. Estranhamente, a burguesia parece ter perdido a cor nesse quadro, na verdade quase a ponto de se identificar com o inimigo aristocrático. Ainda assim, o único elemento que justificava a unidade entre os *sans-culottes* — a hostilidade em relação aos aristocratas —[24] era também o elemento que tinha unido os burgueses.

A explicação, também nesse caso, é que os *sans-culottes*, assim como os burgueses, não constituíram uma classe social; eram definidos em termos políticos, e não sociais. Os objetivos políticos originais dos líderes dos *sans-culottes* foram esclarecidos nos dias 4 e 5 de setembro de 1793, quando Chaumette e Hébert ampliaram ao máximo a agitação promovida pelos trabalhadores até os canais políticos.[25] Cobb também trata os *sans-culottes* como uma categoria política e não social. Na verdade, era difícil distingui-los socialmente de seus inimigos que realizavam revoltas federais. Por exemplo, de um exército federal, em Lyon, fazia parte o povo das seções. De fato, se poderia dizer que os exércitos federais eram o instrumento de grupos de posição social mais elevada do que os representantes comuns da classe deles,[26] porém o mesmo também era verdade com respeito ao movimento dos *sans-culottes*.

Essa interpretação política dos *sans-culottes* representa uma reação curiosa em relação a antigas interpretações socialistas dos movimentos de esquerda na Revolução. Rudé enfatiza, do mesmo modo que suas massas revolucionárias eram motivadas politicamente e não inspiradas apenas por objetivos econômicos de curto prazo.[27] Por toda a Revolução, diz ele, os *sans-culottes* se identificam com uma série mais ampla de intenções políticas.[28] Isso não quer dizer que eles próprios tenham criado essas intenções, ou mesmo que os líderes que expressavam tais intenções pertencessem à mesma classe social. Os líderes saíam das categorias mais altas da sociedade[29] e sem o impacto das idéias que esses líderes proporcionavam, conforme se admite abertamente, o movimento popular teria continuado sem poder e estéril.[30] As idéias deles eram transmitidas aos *sans-culottes* por agitadores, líderes secundários como Fournier, Maillard, Saint-Huruge, Saint-Félix, Théroigne de Mericourt, Claire Lacombe — uma lista curiosa;[31] por meio de panfletos e jornais escritos em linguagem popular;[32] por doutrinação na Guarda Nacional, em clubes e seções; por meio de debates em encontros públicos e lojas de vinho.[33]

Até que ponto a massa dos *sans-culottes* foi de fato doutrinada com idéias políticas por seus superiores na escala social deve permanecer objeto de especulação por falta de prova concreta. Rudé confia demais na circulação de uns poucos *slogans* políticos — e sabe-se como é fácil ensinar uma multidão a cantar tais *slogans* e como o conteúdo político deles pode ser pouco sério. Também causa suspeita vê-lo citando repetidamente um único caso específico — o caso da cozinheira Constance Evrard, que em seu interrogatório declarou, indignada, que sabia ler e que tinha lido Prudhomme, Marat, Desmoulins — como a única prova existente a favor do argumento dele, embora o nome dela não apareça no índice.[34]

Lefebvre mostrou de forma perspicaz que, se o que unia os *sans-culottes* eram suas idéias políticas, então elas não os distinguiam da Montanha, cuja política — argumenta ele — podia ser vista opondo-se aos interesses sociais da própria classe que esse grupo representava.[35] A saída encontrada por M. Soboul para essa dificuldade foi contestar os motivos da Montanha. "Sem questionar a sinceridade dos robespierristas", diz ele, embora na verdade esteja fazendo isso, "havia em tal política uma necessidade tática."[36] Sua crítica muito mais severa dos motivos dos líderes *sans-culottes* não parece preocupá-lo. Ele não pretende dizer que eles estavam desinteressados.[37] Hébert estava "inspirado pela ambição e ansioso para preservar sua clientela popular",[38] Vincent era "intratável e vingativo".[39] Sem a retórica ou a cultura política dos jacobinos, os militantes *sans-culottistes* — o autor nos informa — podiam governar as assembléias das seções apenas por meio de denúncias, expurgos, fraudes e pagando a seus partidários.[40] Havia uma disputa entre eles por empregos.[41] A denúncia que Hébert fez de Roux e Leclerc, no dia 8 de setembro, era fruto de uma intriga motivada por ciúmes da influência exercida por esses líderes.[42]

Além dessa aceitação indisfarçada do caráter vil dos líderes dos *sans-culottes* por parte daqueles que, apesar disso, os haviam escolhido como heróis políticos, os seguidores — o *menu peuple* — representam reconhecidamente uma classe que o marxismo condena sem reservas. "A classe média mais baixa, os pequenos fabricantes, os lojistas, os artesãos, os camponeses", se lê no *Manifesto comunista*, "todos lutam contra a burguesia, a fim de salvar da destruição sua existência como fragmentos da classe média. Por isso, não são revolucionários, mas conservadores. E chegam a ser mais que isso, reacionários, já que tentam mover em sentido inverso a roda da história." [43] Como pode ser explicado, sabendo-se de tudo isso, o fascínio que o movimento dos *sans-culottes* exerce sobre os historiadores comunistas de hoje, além do flagrante sentimento de parentesco que esses historiadores têm em relação a ele?

Uma pista para a resposta é dada pelo distinto historiador da revolução bolchevique, E. H. Carr. Ele afirma, em primeiro lugar, que os nomes usados pelos historiadores para classificar as massas parisienses — *les sans-culottes, le peuple, les bras nus, la canaille* — "representam todos, para aqueles que conhecem as regras do jogo, manifestos de uma filiação política e de uma interpretação particular"; [44] e, em segundo lugar, que a teoria comunista consagrada não é o marxismo, mas o marxismo-leninismo. [45] Um breve resumo dessa última teoria imediatamente mostrará sua importância para a historiografia atual da Revolução Francesa. [46]

Deve-se pressupor que Lenin estava preocupado com o problema da tomada de poder, ou seja, estava absorvido em questões políticas *per se;* e isso numa sociedade com um baixo nível de industrialização e sem uma classe trabalhadora numericamente forte. Nesses aspectos, a Rússia, em 1917, e a França, em 1789, fornecem paralelos flagrantes. Para Lenin, as massas trabalhadoras, por causa das condições em que viviam, tinham um ímpeto espontâneo para a revolta. No entanto, esse ímpeto por si só é inútil, a não ser que seja trazido à consciência (não se trata aqui, como se lê em Marx, da consciência de classe). A consciência, que falta aos trabalhadores, pertence a uma elite de intelectuais burgueses cuja função é assumir a liderança do movimento espontâneo das classes trabalhadoras. O instrumento da liderança deles é o partido político, que, por meio de uma combinação de propaganda e coerção, induz o proletariado a aceitar a liderança que exerce. Quando a elite consciente toma o poder, está feita a revolução proletária.

À luz da teoria leninista, torna-se possível compreender por que o movimento dos *sans-culottistes*, junto com a ulterior conspiração babeuvista, constitui o principal interesse dos modernos historiadores comunistas na Revolução Francesa: esses movimentos podem ser vistos como um ensaio preparatório para a revolução leninista. Daí a enorme concentração de atenção em episódios que foram, afinal de contas, apenas passageiros, que deixaram poucas marcas permanentes na evolução da sociedade francesa. Por isso, também, a perda de interesse nos *enragés*. Não há nada em Jacques Roux, diz o professor alemão ocidental W. Markov, à exceção do conceito de democracia direta, que seja comum a todos os *sans-culottes*.[47] Por isso, também, acima de tudo, a extraordinária diminuição de interesse pela história econômica da Revolução. Antigamente, o marxismo estimulava a pesquisa sobre as condições econômicas da Revolução, embora o modelo rígido e a terminologia inadequada de tais pesquisas as impedissem de alcançar os resultados que de outro modo teriam alcançado. O leninismo desviou a atenção dos conflitos que se baseavam em motivações econômicas e voltou-a para os que se baseavam na luta pelo poder, e já que a Revolução foi, em larga escala, uma luta pelo poder, os historiadores comunistas modernos têm sido capazes de dar importantes contribuições para a história dessa Revolução. Por outro lado, tanto o marxismo quanto o leninismo, por reduzirem a estereótipos os conflitos econômicos e políticos na sociedade, tenderam a impedir que tais conflitos fossem analisados em sua agudeza e complexidade totais. Essa crítica não deve ser vista como insinuação de que qualquer outro historiador da Revolução tinha estado livre de pressuposições ideológicas, ou que as influências ideológicas mais recentes não foram úteis no sentido de voltar a atenção para aspectos da história da Revolução que foram negligenciados e de estimular a pesquisa. A história política da Revolução ganhou; porém, pela mesma razão, para o historiador social da França revolucionária, os *sans-culottes* foram, quase literalmente, uma pista falsa que serviu para desviar a atenção dos problemas sociais básicos, tanto os urbanos quanto os rurais, da história revolucionária francesa.

12

Uma Revolução das Classes Proprietárias

A atenção da maioria dos historiadores da Revolução tem se voltado, o tempo todo e principalmente, para os conflitos políticos. Isso não é injustificável, já que as pessoas que orientaram a revolução em Paris, cujas rivalidades constituíram a história dessa Revolução, eram políticos. De modo geral, todas elas compartilhavam das mesmas idéias econômicas e sociais básicas. Uma vez terminada a luta contra os privilégios da nobreza, em 1789, a Revolução tornou-se um conflito político, mantido pelo governo da França. A pergunta é se existia ou não um conflito de classe por baixo disso.

Não havia indícios nos *cahiers* de 1789, como já foi dito, de um conflito dessa natureza.[1] Isso pode significar que não houve tal conflito, ou que provas não foram encontradas, e, se não o foram, a razão é que talvez não tenham sido procuradas. Já sugeri que a prova dos conflitos sociais agrários não era difícil de ser encontrada. Os historiadores "burgueses" do século XIX, afundados na teoria da democracia política, provavelmente não detectaram um conflito de interesses econômicos entre as categorias do "povo". Mais recentemente, os historiadores com maior interesse no âmbito econômico têm se recusado, justificadamente, a ver as divisões de classe dos tempos modernos na sociedade pré-industrial da França do século XVIII. Além disso a tendência natural é procurar pela prova de conflito social em primeiro lugar na forma de movimentos das baixas camadas. Como espero mostrar, não faltam indícios de conflitos como esses na França da Revolução, porém se deveria dar prioridade àquele que era, talvez, um sentimento mais forte e que recebeu expressão mais articulada — a prova de haver uma guerra de classe nas camadas altas, o temor e a indignação das categorias sociais em melhor situação em relação aos pobres.

A pressão do populacho sem terras sobre os que tinham propriedades e posição social era algo de que a sociedade respeitável tomou total consciência no século XVIII. A causa básica dessa pressão — na verdade o fato dominante na França do século XVIII — foi o grande crescimento populacional, talvez de 15 milhões, no começo do século, para 26, no final. Como se sabe, todas essas cifras, antes do século XIX, são especulativas, porém não pode haver dúvidas de que houve um crescimento considerável ao mesmo tempo real e proporcional da população, e junto com isso um grande aumento do número de pobres — pessoas sem terra, profissão ou *status*, tanto no campo quanto na cidade. [2]

O aumento do número de pobres era alarmante para a sociedade respeitável e não sem razão. Um exame das listas da *taille* para 1785 em 22 paróquias nos arredores de Caen, tomando-se a tributação de 5 libras como o limite da pobreza, mostrava que quase a metade do total da população não alcançava tal cifra. [3] Camille Bloch argumentou que não era possível estimar o número de pobres ou o grau da pobreza deles, porém mais recentemente foram descobertas provas que sugerem que essa era uma visão injustificadamente pessimista. [4] Bouloiseau utilizou, para a região de Rouen uma pesquisa feita pela *Commission intermédiaire* da Assembléia Provincial sobre a indigência e uma lista de chefes de família taxados com a *taille*, a fim de avaliar o número de pobres. O resultado foi que, entre 16.548 famílias, cerca de 2.530 podem ser classificadas de indigentes, o que corresponde a um mínimo de 14% da camada mais baixa da população, embora o mesmo Bouloiseau acredite ser essa uma estimativa que está muito abaixo da cifra verdadeira. [5] Uma parte considerável dos indigentes era, é claro, formada por mulheres e crianças, bem como por velhos e enfermos.[6] Uma grande quantidade de crianças abandonadas pelos pais consumia completamente os recursos dos asilos locais, apesar da alta taxa de mortalidade que se observava neles. O governo teve de proibir as levas de bebês abandonados que eram mandados a Paris, onde, embora muitos morressem *en route*, o asilo não podia arcar com aqueles que sobreviviam à viagem; mas as autoridades locais desprezavam a proibição.[7]

As listas de *mediants* [mendigos] têm de ser lidas, obviamente, à luz das circunstâncias do *Ancien Régime* e da tradição da Igreja Católica Romana, segundo a qual a caridade era um dever do crente e a mendicância uma posição honrável na vida. Uma paróquia do Norte, em 1790, possuía 12 mendigos profissionais. Amiúde, diz Lefebvre, tratava-se de uma profissão hereditária que passava de pai para filho.[8] Surpreendentemente se encontra, nas listas de impostos, a cobrança de taxas dos mendigos profissionais. Em 1790, Douai tinha 26% de sua população classificada de indigente, mas apenas 11% isenta de impostos.[9] Mendigos chegavam a ser encontrados nas listas da Contribuição patriota.[10]

A obrigação de fazer caridade aos mendigos não era bem aceita pelos fazendeiros e pequenos arrendatários. Por causa do número crescente de pobres, o ônus estava ficando mais pesado e causava uma indignação mais forte. Quando alguém chega à falência por ser imprudente — lê-se num *cahier* normando — é sempre ao fazendeiro que recorre para ampará-lo.[11] Toda a nação era responsável pela assistência aos pobres; reclamava-se: os fazendeiros e os moradores do campo não podem continuar a ampará-los.[12]

Os pobres não representavam apenas um ônus financeiro, eram uma ameaça diária, ou melhor, noturna. Pedem suas esmolas com insolência e estão certos de obter o que pedem — se lê num *cahier* de Autun —, porque os fazendeiros possuem palha e feno que sofrem a ameaça de um incêndio premeditado por vagabundos se não conseguem o que querem.[13] Eles exigem a contribuição dos fazendeiros com ameaças:[14] a mendicância torna-se facilmente uma pilhagem.[15] Os *"sommeurs"*, como eram chamados os mendigos robustos que faziam uso de ameaças, foram submetidos a punições pesadas por roda ou fogo na tentativa de serem reprimidos, porém inutilmente. [16]

Havia sentimentos profundos envolvidos no ataque à prática da mendicância. Isso expressava o intenso antagonismo dos donos de propriedades em relação "àquela elite de necessitados que começavam mendigando e acabavam roubando". [17] A mendicância, dizem os merceeiros de Rouen, tem atrativos para os preguiçosos e muitos daqueles que fazem dela uma profissão relutariam antes de abandonar um meio de vida que eles vêem como *"une propriété"*. [18] Os vendedores de vinho e charuto da mesma cidade dizem que a mendicância é contra a lei natural. [19] No *cahier* de Fuges, em Cahors, se denuncia "aquele espírito de desordem, de independência, de trapaça, de pilhagem e roubo" que infesta a classe mais baixa do povo. Lá se diz que pais ensinam os filhos a como serem mendigos, as crianças gradualmente se acostumam à ociosidade e estão a um passo da libertinagem e do crime; uma vez crescidas, elas fazem os homens honestos tremerem em suas próprias casas. [20] Tais queixas não precisam ser tidas como insinceras, embora se trate de uma situação um tanto suspeita encontrá-las juntamente com a queixa de que, como uma conseqüência do aumento da mendicância, *"les gros laboureurs, les gros propriétaires"* não dispõem de mão-de-obra em quantidade suficiente para o cultivo de suas terras e, desse modo, encontram dificuldade em pagar suas taxas ou mesmo sobreviver. [21]

O comportamento que aparece nos *cahiers* diante do problema da pobreza é geralmente negativo. A criação de enfermarias — se lê num *cahier* do Pas-de-Calais — apenas multiplicará a devassidão e os excessos, porque onde elas existem, se ouvem os pobres falarem: "Não há riscos em beber e se divertir, uma vez que a qualquer hora podemos ir com nossos filhos para o asilo de indigentes." [22] Uma exigência generalizada é a de que se faça uma lei decisiva, obrigando os indigentes a continuar na paróquia na qual domiciliavam [23] e tornar cada paróquia responsável por seus próprios pobres. [24] Às vezes se sugere a construção de um asilo de indigentes. [25]

A mistura de medo e ódio com que os pobres eram vistos por aqueles que estavam acima deles na escala social aparecia também no comportamento em relação aos diaristas, que também tinham de viver, pelo menos parte do ano, de caridade. "O trabalhador manual, por natureza imprevidente", se lê no *cahier* de Vermentois, "não tendo nada que o induza a economizar, torna-se menos ansioso para trabalhar e logo cai na ociosidade." A solução sugerida nesse *cahier* é a de impor a taxa da *vingtième* [vigésima parte] sobre os ganhos deles. [26]

Na campanha eleitoral para o distrito de Filles-Saint-Thomas, em Paris, Brissot, aquela voz da alta burguesia girondina como nos disseram *ad nauseam* e sem apresentar provas, protestou contra a calúnia do povo, "ou pelo menos daquela parte do povo que vive do trabalho independente, os artesãos". Segundo Brissot, não foram eles que causaram os distúrbios nos comícios eleitorais, mas sim os amanuenses, os criados e outras pessoas dependentes dos ricos e poderosos. É claro que — acrescentou ele — essa não era a opinião do *haut tiers*, que tinha ainda mais desprezo pelo povo do que a nobreza. [27] Poucas pessoas da época chegaram tão longe no reconhecimento dos fatos econômicos quanto um nobre bretão, que disse que a verdadeira desigualdade não era a que havia entre nobres e *roturiers*, mas sim entre ricos e pobres; [28] e um velho cura de Auvergne, que em 1790 perguntou, quando da elevação do *tiers état* ao nível da nobreza e do clero, o que essa ordem diria aos artesãos e às pessoas que pediam para ascenderem ao nível *dela*. "Lembrem-se", escreveu ele, "de que suas penas de escrever são menos temidas do que as espadas dos nobres, seus discursos são menos respeitados do que os dos padres e suas casas oferecerão menos resistência do que os castelos" — [29] porém, em tudo isso, ele estava bastante errado.

O medo das classes respeitáveis em relação ao povo é exemplificado outra vez nos *cahiers* por ataques aos "*cabarets*" — hospedarias e lojas de vinho. Elas eram, segundo foi dito, uma fonte de libertinagem e ociosidade, a destruição dos diaristas e de suas famílias. [30] Nelas, roubos eram planejados e o banditismo se fortalecia. [31] Todas elas deviam ser fechadas, exceto nas cidades ou no raio de uma légua em relação às estradas principais; e só se permitiria que servissem aos viajantes, e não à população local.[32] Devemos suspeitar, no ataque às hospedarias e tavernas, de algo além do desejo expresso de proteger a moralidade e o interesse da família. Os diaristas se encontravam nas hospedarias e discutiam assuntos de interesse público entre um copo e outro de *eau-de-vie*, declarava-se nos *cahiers* normandos. Talvez essa fosse uma das razões pela qual a maioria das paróquias na Normandia exigia que fossem fechadas.[33] Posteriormente, não apenas foram censuradas como um antro cheio de indivíduos violentos e criminosos, mas também temidas como centros de onde se propagavam idéias revolucionárias.[34]

Um outro exemplo das tensões sociais na zona rural pode ser visto nos ataques ao direito tradicional de respiga, denunciado pela nobreza, na Boulonnais, como a ocupação de homens "*sans foi comme sans honneur*" [sem fé e sem honra][35] e pelo *tiers* como a profissão dos vadios e saqueadores.[36] Exigiu se a criação de multas severas para aquelas pessoas fisicamente capazes que escolhiam a atividade da respiga em vez de um trabalho honesto.[37] Abaixo-assinados feitos pela população mais pobre mostravam que não se tratava simplesmente de um ataque em teoria. A respiga, afirmavam os habitantes de Forceaux, em Eure, era o "patrimônio dos pobres".[38] Abaixo-assinados de 1790 declaravam que os fazendeiros estavam enviando empregados da fazenda aos campos assim que o milho era cortado, até mesmo antes de nascer o dia, a fim de roubarem o direito tradicional dos pobres.[39]

Finalmente, é estranho encontrar, num período de intensa superpopulação e desemprego no campo, queixas quanto à migração de trabalhadores para as cidades e quanto ao despovoamento no campo; porém são realmente encontradas.[40] Um amor excessivo pelo dinheiro, segundo se disse, atrai os pobres para as cidades.[41] Corrompidos desde muito cedo, os jovens deixam o campo e afluem na direção das cidades "para abandonarem-se, sem pudor, a qualquer tipo de vício".[42] Assim, a agricultura fica sem os trabalhadores de que precisa.[43] Pela mesma razão — ou seja, perda da mão-de-obra necessária à agricultura — há queixas contra a construção do posto de abrigo de Cherbourg e contra as minas.[44] Um recurso sugerido foi a criação de uma taxa a ser paga pelas pessoas que tirassem mão-de-obra da zona rural[45] e outra a ser paga pelos empregados do sexo masculino, "a fim de fazer com que essa classe de homens permanecesse na agricultura, para a qual havia nascido".[46]

Tensões sociais parecidas são vistas também nas cidades, por exemplo em pedidos de extinção dos *monts-de-piété*. Eles foram criados em 1777 e podem ser arrolados entre as reformas sociais que marcaram a última fase do *Ancien Régime*. O objetivo, de acordo com Necker, era "auxiliar os súditos do rei em seus assuntos familiares e ajudar os homens de negócios a evitar a vergonha e o prejuízo do embargo".[47] Em 1789 existiam 194 funcionários e 600 mil artigos empenhados, com um juro de 10%, nos *monts-de-piété*. Foi dito que os clientes eram recrutados entre os mais abastados, porém a grande maioria dos artigos empenhados valiam menos de 24 libras[48] e os ataques à criação da reforma sugerem que os *monts-de-piété* eram utilizados pelas categorias mais baixas da sociedade urbana. Eles eram amplamente atacados, nos *cahiers* de Paris, pelo clero,[49] pela nobreza[50] e pelo *tiers état*.[51] Havia reclamações de que o interesse deles era regido pela usura[52] e que os *monts-de-piété* serviam como um meio de se desfazer de artigos roubados e favorecer falências fraudulentas.[53] Talvez mais acertadas fossem as queixas segundo as quais eles prejudicavam o comércio e a manufatura,[54] provavelmente por meio da venda de mercadorias não remidas. Um cura afirmou que os fabricantes de relógios estavam indo à falência por causa das vendas aos *monts-de-piété*.[55] Extintos pela Convenção no ano IV, eles foram restaurados sob o governo do Diretório,[56] o que representa uma prova de que serviam para algum propósito útil.

A última prova do desprezo do *tiers* em relação ao povo — para usar termos do século XVIII — veio com a introdução das instituições de democracia política. Bem antes de 1789, os remanescentes da representação popular em assembléias locais tinham desaparecido. Em 1733, o *sous-délégué* de Bar-sur-Aube, por exemplo, pedia a extinção de um eleitorado composto de "mais de 400 viticultores, trabalhadores e artesãos", o qual, segundo ele, manteve o síndico em seu cargo apesar de editos reais ordenando o contrário e apesar das ordens do intendente.[57] Entre muitas outras medidas, devem ser mencionados os editos de 1764 e 1765, substituindo por eleições os conselhos locais de notáveis.[58] A assembléia de Rennes foi extinta em 1766, o intendente queixou-se de que ela continha "muitos artesãos que não tinham idéia das normas e direitos da municipalidade".[59] Em 1784, o intendente de Borgonha escreveu que muitas das cidades em sua *généralité* tinham percebido "a inconveniência de se reunir todos os habitantes". Essas assembléias, disse ele, "onde os cidadãos menos dóceis silenciam aqueles que são prudentes e educados", eram uma fonte de desordem.[60]

Só se precisa dar exemplos dos pontos de vista limitados do *tiers état* no que concerne ao âmbito conveniente de um direito democrático de voto. Uma petição de dezembro de 1788, redigida em nome dos "cidadãos domiciliados em Paris" pelo famoso dr. Guillotin e adotada pelo Six Corps, exigia que os *"hommes non domiciliés"* [homens sem domicílio] se excluíssem das assembléias eleitorais, por não estarem efetivamente livres e dependerem de outros.[61] Um relatório assinado por 108 parisienses anunciava: "Deve ser reconhecido que existe uma classe de homens que, pela natureza da educação que tiveram e pelo tipo de trabalho ao qual foram condenados pela pobreza, são, na mesma proporção, destituídos de idéias e de força de vontade, e são incapazes, hoje, de tomar parte nos negócios públicos."[62]

Tais precauções eram pouco necessárias. Os parisienses mais pobres ficavam afastados das assembléias eleitorais, ou porque eram excluídos delas ou por escolha própria.[63] Em Rouen, muitos entre os pequenos artesãos não se dispunham a perder seu dia de trabalho para comparecer à assembléia eleitoral.[64] E quando compareciam, comumente verificavam que pouca atenção era dada a seus desejos. Numa assembléia eleitoral de Rouen em que estavam presentes os habitantes mais pobres, percebendo que suas queixas não estavam sendo expressas no *cahier*, eles se recusaram a assiná-lo, "protestando que o pão comum custava 3 s. e 6 d. a unidade de tamanho pequeno".[65] Em Reims, um tal de Hédoin de Pons-Ludon, oficial reformado do exército que tinha brigado com as autoridades, apoiou os trabalhadores na esperança de conseguir o voto popular. O conselho da cidade tinha decidido que todos os habitantes que não eram membros da corporação podiam se encontrar no *hôtel de ville* para redigir um *cahier* e eleger representantes. Hédoin levou ao local um grande grupo de trabalhadores, mas eles não conseguiram manter suas reivindicações. "Reprimir a classe pobre em Reims, em março de 1789, excluir da assembléia do *tiers* a única corporação de trabalhadores constituída e reconhecida", segundo se reclamou, "foram atos que mostram qual era a inclinação da burguesia, que redigiu *sozinha* o *cahier* da cidade e escolheu, *excluindo qualquer outra influência*, os representantes dessa cidade de trabalhadores ilustres" nos États généraux.[66]

Em Pont l'Abbé, os burgueses rejeitaram as queixas apresentadas pelos artesãos e camponeses, o que fez com que esses últimos se retirassem para redigir seu próprio *cahier*.[67] Em Douarnenez e também na Bretanha, os burgueses acusaram o *sénéchal* de admitir uma multidão ruidosa formada por crianças, mulheres, trabalhadores sem moradia e pessoas insubordinadas, algumas delas até embriagadas, na assembléia eleitoral, de onde os burgueses e comerciantes, por causa disso, se retiraram.[68] Em Rouen, a população mais pobre parece ter conseguido expressar suas opiniões nuns poucos *cahiers*.[69]

De modo geral, não pode haver dúvidas de que as classes proprietárias mantiveram o controle dos procedimentos eleitorais de 1789 e que qualquer tentativa daqueles que eles chamavam — com um certo desdém — de "povo" no sentido de reivindicar seus direitos ou expressar suas queixas encontrou uma resistência severa e imediata. A Revolução seria mais cruel do que o *Ancien Régime* na recusa em admitir que o povo tivesse qualquer queixa legítima ou que fosse necessária qualquer ação do governo a fim de remediar tal queixa.

13

Pobres contra Ricos

A mistura de medo e desdém com a qual os homens de posses — pelo menos acima do nível dos pequenos proprietários em situação mais modesta — olhavam para as categorias mais pobres e sem posses da sociedade, se acompanhava de uma organização de defesas contra ataques vindos de baixo na direção de seus interesses, os quais eram tão vigorosos quanto sua própria investida na direção das posições de poder e prestígio às quais uma nobreza enfraquecida vinda de cima tinha se agarrado. Se a hostilidade desses homens em relação ao "povo" era mais consciente e se expressava mais abertamente naquele momento do que em tempos passados, isso talvez se desse porque eles agora tinham mais motivos para temer. As massas silenciosas não representavam um motivo de medo na mesma proporção antes de se tornarem as massas, o que ocorreu apenas por causa do aumento populacional — especialmente da população urbana — durante o século XVIII. Essas massas também estavam, ainda que numa escala bem pequena, deixando de ser totalmente silenciosas.

Contudo, devemos ter o cuidado de não tirar conclusões erradas dessas circunstâncias. O movimento popular na Revolução Francesa tem sido geralmente analisado à luz das idéias derivadas do estudo das condições bem diferentes na Inglaterra, onde as condições políticas e sociais se tinham diferenciado das francesas pelo menos desde os últimos séculos da Idade Média. Na zona rural da Inglaterra, o sistema de grandes proprietários, fazendeiros-arrendatários abastados e trabalhadores rurais tinha estabelecido um modelo social que só raramente era encontrado na França. É por isso que o uso de pressuposições sobre terras públicas e demarcações tiradas da experiência inglesa levou a uma má interpretação tão extrema da história agrária francesa no tempo da Revolução. Do mesmo modo, em cidades provincianas como Bristol ou Sheffield, assim como em Londres, já existia, até o fim do século XVIII, uma grande classe de trabalhadores assalariados, conhecendo os próprios interesses econômicos e com rudimentos de uma consciência política, capazes de fazer líderes ascenderem ao nível de políticos nacionais, como por exemplo o sapateiro Thomas Hardy ou o alfaiate Francis Place; capazes de criar, principalmente sob a liderança de homens como esses, organizações políticas de trabalhadores com um programa político coerente e racional, como por exemplo a Sociedade Correspondente de Londres.

Não há nada de surpreendente no fato de que, estando o desenvolvimento econômico da sociedade inglesa tão mais adiantado do que o da França, a evolução política dessa sociedade tenha também demonstrado uma maturidade muito maior. O movimento democrático na Grã-Bretanha, cujas origens são observadas na geração anterior à Revolução Francesa, teria durante o século seguinte uma história praticamente ininterrupta de lenta obtenção de influência política e aumento de prosperidade econômica. A Revolução Francesa, por outro lado, continuou, do começo ao fim, sob o comando da classe média e dos líderes abastados. As pesquisas sobre os *sans-culottes* tornaram isso mais claro do que nunca. O fato de se falar de desordeiros como o assassino Legendre ou o fomentador Santerre não nos deve enganar. Eles deviam ser desordeiros, porém desordeiros prósperos e de classe média. Quando examinamos o movimento político e econômico mais avançado da Revolução, a Conspiração dos Iguais, inspirada por Babeuf, ele se mostra uma das partes da Revolução que mais devem à classe média.

Contudo, isso não põe um fim à questão. "Classe média" é uma classificação tão ampla e indeterminada quanto burgueses, e as tensões sociais não eram inexistentes nem nas categorias mais abastadas nem nas pobres. Além disso, devemos perguntar se não há nenhuma prova de movimentos empreendidos pela minoria assalariada.

As acusações aos ricos eram uma moda literária na França do século XVIII, derivada parcialmente da influência da literatura clássica. Montesquieu, em sua história dos Trogloditas, mostrou como a corrupção entrou em uso com a criação da propriedade e do crescimento da riqueza. Isso fazia parte da campanha literária contra o luxo, inspirada por idéias morais e não econômicas, mas contrária a ele por causa das vantagens econômicas que a suntuosidade trazia. Rousseau, no seu *Discurso sobre a desigualdade*, forneceu a fonte e inspiração para grande parte do igualitarismo do século XIX; porém, não há nenhuma prova de que seu *Discurso* tenha sido levado a sério no século XVIII ou visto como algo mais além de um exercício de paradoxo, como o "Primeiro Discurso". Morelly, muito pouco lido na época e hoje em dia nada mais que um nome, Mably, Raynal, Diderot — esses autores escreveram ensaios literários sobre o tema da igualdade, mais ou menos autênticos, porém sem conseqüências sociais detectáveis.

Às vésperas da Revolução, começamos a encontrar comentários sociais voltados, de forma mais específica, para circunstâncias realmente existentes e inspirados tanto pelo idealismo quanto pelo ceticismo. Esse último parece ter representado a motivação do jornalista Linguet, em cujos escritos há um reconhecimento desagradavelmente abrupto dos fatos. "Vocês não vêem", escreve ele, "que a obediência, a exploração total — para ser franco — de uma grande parte do rebanho é responsável pela riqueza do pastor?... Corram estupidamente à simples visão de sua [do cão de pastor] sombra. Todos ganham com isso. É mais fácil arrebanhá-los a fim de recolher sua pele de carneiro: eles estão mais protegidos de ser comidos por lobos. Na verdade, eles são comidos apenas pelos homens, porém, de todo modo, era esse mesmo seu destino desde o momento em que entraram no curral de ovelhas. Antes de falar em libertá-los daí, comece por destruir o curral, ou seja, a sociedade!" [1] Outra vez: "A abolição da escravatura não trazia em si nenhuma intenção de abolir a riqueza ou as vantagens inerentes a ela. Não se havia pensado em trazer os homens de volta a sua igualdade original; a renúncia dos privilégios por parte dos ricos foi apenas uma pretensão. As coisas tendem a continuar como sempre foram e a escravidão se perpetua na face da terra, embora com um nome menos desagradável... A cidade e o campo são povoados por um tipo de gente conhecida como *journaliers, manoeuvriers*, etc. Eles nunca compartilham da abundância advinda do trabalho deles... Esse tipo de gente é, indubitavelmente, o grupo mais numeroso em cada nação. O que ela ganhou com a abolição da escravatura? O escravo recebia alimentos mesmo quando não trabalhava, assim como os cavalos têm direito a feno nos feriados... Mas qual é o destino do *manoeuvre libre* — que amiúde é mal pago quando trabalha — se por acaso não trabalhar?" [2]

Não devemos deixar Linguet nos iludir com isso tudo. Ele não é nenhum reformador, mas antes um reacionário, que faz alarde do reconhecimento de fatos injustos a fim de mostrar quão inútil é a esperança de melhorá-los. "O que há de bom", pergunta ele, "nessas afetações sentimentais, nesses planos de reforma nas finanças e nas taxações? Qual é a utilidade do parlamentarismo, de instituições derivadas do sistema político da Inglaterra? Qual a utilidade dos órgãos intermediários louvados por Montesquieu, dessas corporações judiciais gananciosas que, sob o pretexto de restringir o poder do rei, apenas protegem seus próprios privilégios e multiplicam os instrumentos de tirania? O que há de bom nisso tudo, já que o pobre tem sempre que ser oprimido pelo rico e quem trabalha tem sempre que estar a serviço de quem possui? Um tirano é melhor do que mil tiranos!" [3]

Linguet, que deve ser considerado um jornalista e não um pensador social ou político sério, talvez seja, por essa razão, bastante significativo. Seu tirano único, preferível a mil, dificilmente é uma referência ao pobre Luís XVI; parece muito mais uma antecipação de Napoleão. Ele reflete, conscientemente ou não, o rancor que havia nas relações entre as categorias mais ricas e as mais pobres da sociedade, os ressentimentos dos pobres e a reação impiedosa dos ricos, que seriam afrouxadas pela dissolução social e política que acompanhou a Revolução. Os únicos exemplos que se podem dar das acusações generalizadas aos ricos são os que se encontram nos *cahiers*, nos panfletos, nos jornais e na literatura popular de 1789 e dos anos seguintes.

Uma análise dessa literatura de acusação deve começar com os ataques comuns aos ricos. Por exemplo: "Existem muitos homens que apenas por suas fortunas obtiveram privilégios dos quais o resto do *tiers état* é a vítima"; [4] "tão logo um homem rico se vê em meio à tranqüilidade e ao conforto, ele sempre olha ao redor e examina de que modo ele pode oprimir o pobre *menu peuple*";[5] "os ricos realizam pouquíssimo ou nenhum trabalho caridoso e deixam os pobres sofrendo enquanto vivem no luxo." [6] A riqueza do clero era, em particular, um objeto de ataque, principalmente onde — como em Reims — eles eram os maiores proprietários de terras. [7] "Que abundância de recursos", se lê num *cahier* anticlerical, "o governo não encontraria nessas ricas abadias, nesses priorados, nesses cabidos, nessas comunidades de ambos os sexos." [8] As enormes rendas dos conventos podiam ser usadas para liquidar os débitos do país e seus moradores podiam ser aproveitados num trabalho útil nas paróquias, que estavam precisando de padres. [9] Os próprios clérigos de ordens inferiores não estavam imunes a pensamentos perigosos. Os "*églisiers, soutaniers* e padres das paróquias de Paris", para se adotar a própria descrição que deram (porém a autoria desse documento se deve apenas a uma minoria descontente), reclamam que o sacerdócio está reservado para "*les gens comme il faut*", ou seja, os ricos. "É em peso de ouro que eles medem a importância dos paroquianos; não vale a pena dar atenção aos pobres." [10]

Mais significativo do que denúncias vagas relacionadas com a riqueza é o ataque centrado nos ganhos com especulação. Quando ainda vigorava a noção de que tudo possuía um preço justo, o ganho de lucros sobre variações de curto prazo no preço parecia algo especialmente chocante. Por isso a crítica generalizada e constante contra as pessoas culpadas daquele "detestável requinte de usura e cobiça conhecido como *agiotage*". [11] Agiotas e especuladores deviam ser expostos à indignação pública.[12] "Deixem esses homens, suficientemente degradados a ponto de prostituírem-se no jogo da especulação, serem declarados inimigos da nação e indignos do nome de comerciantes",[13] declara o *tiers* de Lyon. "O comerciante", se lê num *cahier* da *sénéchaussée* de Cahors, "não é mais, hoje em dia, trabalhador ou econômico, zelando por seus negócios; é uma espécie de fazendeiro com direito de tributação, que vive no apogeu da suntuosidade."[14]

Devemos recordar que a França era um país ainda católico romano, onde a agiotagem estava condenada oficialmente pela igreja. Empréstimos com juros foram proibidos até o dia 12 de outubro de 1789,[15] embora isso não significasse que eles não fossem feitos. Os *cahiers* do clero exigiam a proibição de tais empréstimos.[16] A nobreza, por outro lado, queria que os juros fossem legalizados, mas restritos a uma taxa modesta — geralmente se sugeriam 5%.[17] O *tiers état* parece menos interessado na agiotagem — talvez já tivesse chegado ao ponto de aceitá-la como atividade natural.

O ataque à especulação tinha uma causa mais particular do que a hostilidade generalizada em relação à riqueza. O valor das terras estava aumentando no século XVIII e, com isso, fazendo com que homens do setor financeiro, fossem eles pequenos ou grandes, entrassem na competição por terras. A interferência deles era bastante sentida por causa da procura generalizada por terras causada pelo crescimento populacional. No âmbito financeiro, a década anterior à Revolução caracterizou-se pela obsessão especulativa, promovida pelos empréstimos que o governo fazia estipulando taxas de juros altas a fim de cobrir as despesas da guerra norte-americana. Os banqueiros europeus — suíços, austríacos, alemães, holandeses e valões, ingleses — invadiram Paris.[18] Os rendeiros, devido à responsabilidade que tinham pelas taxas indiretas, que vinham cobrando com uma maior eficiência — e isso não fazia aumentar a popularidade deles —, não eram os mais odiados entre todos os financistas. "São os sanguessugas da nação, a praga que a devora, a peste que a infesta."[19] A especulação foi considerada responsável pela escassez de grãos e pelo alto preço que alcançaram.[20] A crise no setor manufatureiro foi atribuída à mesma causa.[21]

Uma das principais queixas, como já foi dito, foi a de que os homens do setor financeiro — *gens à portefeuille* — estavam isentos de tributação. Os nobres, em particular, enfatizavam tais queixas, talvez com a esperança de conseguir o mesmo para si.[22] Havia também exigências de que o ônus da tributação não incidisse apenas sobre os donos de terras.[23] Quando a Assembléia Constituinte redigiu o novo sistema de tributação, o marquês de Ferrières receava que a conseqüência acabasse sendo o esmagamento dos proprietários de terras, "pois os capitalistas não têm a intenção de pagar nada e eles alcançaram esse objetivo".[24]

A linguagem do marquês nos lembra que houve uma época em que "capitalista" passou a ser usado como um termo de desacato. Denominava o novo rico, os financistas de que se suspeitava (*brasseurs en banque*) e todos aqueles que lucravam por meio de operações financeiras.[25] Aqueles que eram antes de tudo proprietários de terra, industriais ou comerciantes estrangeiros não entravam na mesma categoria. A continuação de antigas atitudes econômicas durante a Revolução é demonstrada pela afirmação de Rivarol: "A consideração com que o governo olha para seus súditos sempre está na razão inversa da mobilidade das riquezas deles. Assim, o único mais favorecido é o *laboureur*... Ponho no grau mais alto o homem que enriqueceu com operações financeiras, que, como um mágico, pode com um golpe de sua caneta transportar sua fortuna para os confins do mundo e que, operando apenas com fichas de metal, esquiva-se tanto da natureza quanto da sociedade. O governo nada deve a esse tipo de homem."[26]

Até agora, todos os exemplos de protestos contra o abuso por parte dos ricos vieram das categorias dos proprietários. Os *cahiers* das paróquias rurais de vez em quando revelam os desejos de um proletariado destituído de propriedades. No *bailliage* de Rouen, segundo Bouloiseau, a luta de classes é vista em toda a parte dos *cahiers* rurais:[27] o fazendeiro mais rico, com produtos excedentes para vender, os donos de dízimo, o possuidor de direitos senhoriais, todos esses ganhavam com o aumento dos preços às vésperas da Revolução, enquanto a grande maioria da população rural sofria.[28]

Jaurès observou que, em 1789, a divisão entre a burguesia e o povo era mais acentuada no campo do que na cidade.[29] Eu concordaria com isso se os termos mais pobre e mais rico fossem substituídos por povo e burguesia e, de fato, os movimentos camponeses de 1789 são descritos por um homem da época como "uma guerra declarada pelos pobres contra os ricos".[30] Uma carta enviada a Necker, de 22 de abril de 1789, dizia que a hostilidade dos camponeses estava direcionada contra todos os que pareciam estar acima dessa classe. "O *haut tiers*, mais próximo dela, foi o mais atacado."[31] Porém, dentro das categorias dos camponeses havia um outro — e talvez até maior — abismo, entre os que possuíam e os que não possuíam terras. O proletariado das vilas compartilhava o ódio dos fazendeiros das cidades e dos *fermiers* senhoriais, porém acrescentava seus próprios ressentimentos em relação aos *laboureurs* donos de terras.[32] O pedido de *partage* foi uma manifestação momentânea das aspirações nascidas — para se frustrarem em seguida — entre os trabalhadores rurais que não possuíam terras.

Uma outra causa de divisão na sociedade rural se manifesta nos protestos generalizados contra a existência de grandes fazendas. Tais protestos foram predominantes ao redor de Versalhes, na planície de Picardy, talvez em Beauce e Brie, e em outros lugares.[33] De todas as exigências dos camponeses até o ano II — diz Lefebvre — a mais obstinada dizia respeito à divisão das maiores fazendas.[34] O Comitê de Agricultura foi inundado com petições a respeito desse assunto.[35] "Ao ler os títulos das grandes propriedades", somos advertidos num *cahier*, "você verá que muitas delas são compostas de pequenas propriedades que foram unidas das mais diversas maneiras. Um camponês, em tempos difíceis, fica maravilhado com a oferta de pronto pagamento; as dificuldades surgem para ele por meio de uma generosidade cruel de quem empresta até que ele não possa mais pagar o que tomou emprestado. Então sua terra é confiscada e vendida por um preço baixo, para o benefício do credor."[36] Num outro *cahier*, pede-se uma lei que faça com que terras sejam confiscadas e depois divididas em pequenas fazendas, "como em tempos passados", a fim de que ofereçam mais trabalho.[37] Os *cahiers* no *bailliage* de Rouen, pedem que se proíbam os *laboureurs* de possuir mais de uma fazenda. "Os fazendeiros", se lê num *cahier*, "*coqs de paroisse*, arrendam e ocupam uma série de pequenas fazendas, sublocam os prédios e só cultivam a terra arável, o que impede que muitos dos súditos do rei construam em suas próprias propriedades." Então, os filhos dos fazendeiros independentes se reduzem ao nível de simples diaristas — *manoeuvriers*.[38] No *cahier* de Serres-en-Brie se fala da "servidão impiedosa à qual os trabalhadores rurais estavam submetidos pelos fazendeiros ricos que ocupavam três ou mais fazendas".[39] Num outro, reclama-se que os fazendeiros mais esnobes (*huppés*), que agora andam em seus cabriolés, há 30 ou 40 anos andavam em rocins que valiam apenas três ou quatro luíses.[40]

Para preservar um senso de proporção, devemos nos lembrar que, obviamente, mesmo as grandes fazendas não eram muito grandes. Todas essas queixas representam o descontentamento dos trabalhadores agrícolas, pequenos arrendatários ou fazendeiros em regime de subsistência em relação àqueles que estavam um pouco acima deles na escala social. Para os citadinos de classe média, eram todos camponeses. Além disso, como já foi indicado, somente em algumas partes da França — nas quais as condições geográficas e a proximidade de um grande mercado predispunham fatores — as fazendas se desenvolveram numa escala maior. Se o aparecimento do grande fazendeiro tivesse constituído um fenômeno menos raro, a zona rural francesa talvez fosse menos profundamente conservadora, e a agricultura francesa menos atrasada e improdutiva.

Nas cidades, os indivíduos mais pobres da população eram menos eloqüentes e seus sentimentos eram revelados com maior dificuldade do que nas paróquias rurais. No *bailliage* de Rouen, entre 154 *cahiers*, 30 eram favoráveis à criação do "Quarto Estado." Neles, nada se lia a respeito da questão das reformas políticas e administrativas, e os textos se limitavam a trazer reclamações sobre a pobreza.[41] Paris fornece poucos documentos com etiquetas desse tipo: "*Doléances du pauvre peuple*" [Queixas do povo pobre], escritos em nome de "*manoeuvriers, journaliers, artisans et autres,* destituídos de qualquer propriedade; ou *cahier* da Quarta Ordem" — "*cette classe immense de journaliers, de salariés, de non gagés*"; ou "*Pétition de 150,000 ouvriers et artisans de Paris*".[42] Até que ponto qualquer desses documentos são autênticos — se é que o são — não se pode dizer. Muito provavelmente, tratava-se de exercícios literários.

No que concerne a movimentos autênticos de trabalhadores assalariados, já foi dito que os distúrbios do Réveillon, em abril de 1789, representam o único movimento insurrecional de assalariados durante a Revolução.[43] Não se deve tomar isso como uma afirmativa de que não havia nenhum outro movimento independente de trabalhadores assalariados. Contudo, a concentração do interesse na ação política tem afastado a atenção dos historiadores desses movimentos tal como eles eram, e o extremismo político tinha, curiosamente, pouco conteúdo social ou ligação com qualquer exigência de reforma social. De fato, o movimento dos *sans-culottes* desviou a atenção das camadas mais baixas da população — talvez não de forma intencional — das reivindicações de salários. O Comitê de Segurança Pública impôs aos salários um limite máximo, embora não se saiba até que ponto se acatou essa medida. Lefebvre cita o caso de um prefeito jacobino leal em cuja *commune* o máximo estava em seu mínimo: na verdade ele era também um fazendeiro bem-sucedido.[44]

Em estudos locais, aparecem aqui e ali indícios eventuais de movimentos de reivindicação de salários. Houve uma agitação de trabalhadores nos arsenais navais no começo da Revolução.[45] Manifestações de descontentamento como essas podem ter tido sucesso no sentido de elevar o valor dos salários nominais durante a Revolução, porém os salários reais provavelmente diminuíram de valor.[46] Outra vez, os tumultos de 1789 incitaram alguns artífices assalariados de Paris, os *garçons perruquiers* [cabeleireiros], *garçons tailleurs* [alfaiates], *garçons boulangers* [padeiro], para tentar libertar-se de seus patrões e se organizarem. Eles fizeram uma manifestação pública diante da Câmara Municipal da cidade, porém houve o comentário sugestivo: "Eles não foram ouvidos."[47] Na primavera de 1791, greves — principalmente de *compagnons* [companheiros] carpinteiros, que estavam tentando obter uma escala de salários da municipalidade de Paris para impor aos patrões — assustaram a burguesia e fizeram com que fosse aprovada a lei Le Chapelier, em 14 de junho de 1791.[48]

Nos anos que antecederam a Revolução, uma agitação mais persistente, que protestava contra a introdução da maquinaria de fiar da Inglaterra, tinha se desenvolvido em áreas têxteis. Ela causou uma insurreição ocasional em Luddite, como o distúrbio de Falaise, em 1788, provocado pela construção de uma fiação.[49] Os *cahiers* da área de Rouen mostram uma exigência especialmente generalizada de destruição das máquinas, embora tal exigência também apareça em outros lugares.[50] A reclamação dizia sempre respeito, é claro, ao fato de que tais máquinas tornavam o trabalho manual inútil, principalmente — e esse é um indício de sua importância — o trabalho feito por mulheres e crianças. A característica mais importante do tumulto de protesto pela extinção das novas máquinas deve-se ao fato de ele aparecer tanto nos *cahiers* gerais das paróquias quanto nos *cahiers* das corporações de Rouen. Os arquitetos, os missivistas públicos, os boticários, os padeiros, os vendedores de cerveja e charuto, os cozinheiros e pasteleiros, os chapeleiros, os serralheiros, os ferreiros e assim por diante, eram contra a introdução das máquinas, do mesmo modo que aqueles que corriam o risco de ser despedidos dos empregos por causa delas.[51] O que estava em jogo nisso tudo não era um sentimento humanitário, mas sim o conservadorismo econômico e social de uma sociedade que, por mais que estivesse preparada para uma revolução política, estava disposta a manter-se fiel aos métodos econômicos aos quais se acostumara. Os cortadores de pedra e mármore parisienses exigiam a supressão de uma máquina porque ela permitia que dois homens fizessem o trabalho de noventa.[52] As máquinas se adaptam aos ingleses — dizem os chapeleiros de Rouen — por causa do comércio resultante de seus grandes domínios coloniais; não se precisa delas na França. Se, como conseqüência do fim das máquinas, os produtos manufaturados franceses alcançaram um preço mais elevado do que os estrangeiros, isso tem de ser admitido.[53] O fato importante em tudo isso não é a destruição efetiva das máquinas — que parece ter ocorrido poucas vezes —, mas a indicação de uma postura conservadora, por parte dos ricos tanto quanto por parte dos pobres, que podiam perder os empregos, um espírito comum de hostilidade diante das mudanças econômicas.

Talvez a mais acentuada — e com certeza a mais veemente — das divisões na sociedade urbana à época da Revolução era entre os mestres artífices, ou os artesãos, e a classe comerciante que impunha uma influência opressora sobre a clientela desses artesãos, às vezes usando contra eles a concorrência do trabalho rural mais barato.[54] E Lyon, onde antes da Revolução os mestres-tecelões de seda tinham ficado dependentes dos comerciantes, que controlavam tanto o fornecimento de matérias-primas quanto os mercados compradores para os artigos prontos, surgiu um ódio violento[55] que se manifestou em conflitos intensos durante o século XVIII, assim como ocorreria novamente no século XIX. O período revolucionário, quando os comerciantes e mestres artesãos foram prejudicados com a crise no comércio e voltaram-se do mesmo modo contra o governo revolucionário, representou um período de trégua nessa guerra social.

Um exemplo, entre muitos, desse tipo de conflito social pode ser observado no pequeno porto de pescaria bretão de Concarneau. Ali, os pescadores queixavam-se de que "os comerciantes ricos" estavam tomando o controle do porto e os explorando. O método consistia em comprar no local — ou enviando intermediários à Noruega — o *rogue* [ova de bacalhau salgado usada como isca], que era vendido em seguida aos pescadores por preços exorbitantes — três vezes, diziam eles, o que tinham pago 20 anos antes.[56] Os intermediários também tinham tomado o controle da venda de sardinha[57] e, mais recentemente, tinham até começado a comprar barcos. Essa intromissão no mercado de peixe mostrou ser tão lucrativa, segundo foi dito, que *avocats, procureurs*, cobradores de impostos, e mesmo os comerciantes, investiam em barcos de pesca em Concarneau, como já tinham feito em Douarnenez.[58] Uma carta do *sénéchal* de Concarneau confirmava as denúncias contidas nos *cahiers*.[59]

Essas eram discussões entre aqueles que possuíam propriedades, por mais que fossem pequenas, em alguns casos. Podemos suspeitar da existência, abaixo das categorias de mestre-tecelão de Lyon ou dos pequenos proprietários de barco de pesca de Concarneau, de um proletariado silencioso e submisso que nada possuía. Contra essa classe, as categorias de proprietários, por mais que suas lutas fossem mutuamente destrutivas, estariam sempre fechadas caso esse proletariado tentasse reivindicar os próprios interesses. Durante os períodos revolucionário e napoleônico, há poucos indícios de que essa classe alguma vez tenha feito isso. Na cidade, bem como no campo, se podemos admitir alguma conclusão de valor geral sobre os processos sociais dessa época, seria a de que tais processos acabaram por consolidar as exigências dos proprietários sobre os que nada possuíam, dos ricos de todos os níveis sobre os pobres.

14

Conclusão

Por todo este livro, tenho discutido os problemas na tarefa de escrever a história social da Revolução. Com isso, não pretendi sugerir que essa tenha sido outra coisa que não uma revolução fundamentalmente política, uma luta pelo poder e contra as condições em que esse poder era exercido. Basicamente, a Revolução representou a derrocada do antigo sistema político da monarquia e a criação de um novo sistema na forma do Estado napoleônico. Contudo, por trás do regime político sempre está a estrutura social que, de certo modo, é mais arraigada e, certamente, muito mais difícil de ser modificada. Quando começamos a investigar esse pano de fundo social da Revolução, somos levados a perceber como a história política comum deu a ele pouca importância e como, de fato, sabemos pouco a respeito da verdadeira configuração da sociedade francesa do século XVIII e do impacto que a Revolução causou nessa configuração. As categorias sociais que foram pressupostas por nossas histórias — burgueses, aristocratas, *sans-culottes* — são, todas elas, na verdade, categorias políticas. Quase um século de pesquisas históricas, além de muitos trabalhos sobre o movimento de grupos sociais, transcorreram sob a influência de idéias derivadas da política, transferindo suas categorias para o contexto da história social. Essas pesquisas, por si só, acabaram por destruir as idéias que as haviam inspirado e demonstraram a inadequação da terminologia social que vinha sendo usada e das teorias político-sociais que essa terminologia refletia. Hoje sabemos que havia uma configuração social muito mais complexa na França do século XVIII do que geralmente se reconhece e que ela exige uma análise histórica mais sofisticada.

Toda tentativa de interpretação histórica, nova ou de tempos passados, é bem ou malsucedida, dependendo da coerência que demonstra em relação às provas. Tentei mostrar que existem muitas provas, mesmo no estado atual da compreensão acerca da Revolução, incompatíveis com a interpretação consagrada e também oferecer algumas sugestões no sentido de uma alternativa possível. Este livro foi escrito antes que eu pudesse ler o estudo valioso de Lefebvre, que foi publicado postumamente, sobre a estrutura social dos orleaneses às vésperas da Revolução. [1] Embora eu certamente tivesse recorrido ao material usado por Lefebvre no curso desse estudo, se o livro dele tivesse aparecido a tempo, há uma certa vantagem em só poder usá-lo no capítulo de conclusão. Sua análise da sociedade de Orléans serve como uma espécie de teste de constitucionalidade pelo qual podemos julgar a validade de algumas das idéias principais formuladas nos capítulos anteriores. Isso terá tanto mais valor levando-se em conta que o próprio Lefebvre estava sincera e inquestionavelmente ligado à teoria ortodoxa da Revolução e não via nenhuma contradição entre sua teoria e os fatos históricos que descobriu.

O primeiro ponto que chamará a atenção do leitor é que no Orléanais a idéia de Revolução como ataque contra o feudalismo, surpreendentemente, não é expressa. O sistema senhorial desempenha um papel menor entre as queixas dos camponeses. [2] Parece razoável concluir que essa não foi uma das categorias sociais sobre as quais esse sistema constitui um pesado ônus. Como foi sugerido em capítulos anteriores, os ataques mais comuns eram contra o *franc-fief* e as *banalités.* [3] O *franc-fief,* Lefebvre o vincula à transferência de grandes áreas para a posse dos *roturiers;* [4] enquanto associa as *banalités* à suspeita dos camponeses de que os moleiros estavam sofrendo extorsões. [5] Ambos, por isso, fazem parte dos abusos relacionados mais com a estrutura comercial e moderna do que com a estrutura feudal e antiga.

A mesma indignação quanto à intromissão de motivações comerciais na zona rural seria percebida no ódio dos grandes fazendeiros, que, segundo se disse, monopolizavam a terra na qual um número muito maior de pessoas de posição inferior podiam ter suas propriedades. A conseqüência — lê-se num *cahier* onde eram repetidas muitas reclamações que já foram citadas acima — foi que os filhos homens dos *laboureurs*, incapazes de se organizarem em propriedades independentes, tinham de continuar na fazenda da família, enquanto suas irmãs se empregavam como criadas; depois disso, todos eles acabavam casando com pessoas de categorias inferiores (*après que tous ont fini par se mésallier*) e ingressando em classes mais pobres.[6] Aqui também aparece a estrutura de classe da França rural, assim como a indignação dos camponeses acostumados, principalmente, com o cultivo de subsistência em contraste com a introdução de um modo de vida capitalista.

Os *grands fermiers* também foram denunciados no Orléanais como "cultivadores" num outro sentido da palavra, cultivando dízimos e tributos senhoriais.[7] Como em outros lugares, a entrada da riqueza urbana no campo se manifesta no fato de burgueses possuírem propriedades, principalmente nas cercanias das cidades.[8] As reclamações de camponeses contra os "financistas" vindos das cidades[9] se somavam à suspeita generalizada que tinham de todos os que trabalhavam no comércio ou em profissões liberais ou, na verdade, da gente da cidade de um modo geral.[10]

Desse modo, o quadro que Lefebvre nos oferece da estrutura e das tensões sociais na zona rural orleanesa combina, em linhas gerais, com o quadro a que se chegou anteriormente neste livro. Outra vez encontramos o esforço de reconciliá-lo com a teoria ortodoxa da "revolta burguesa contra o feudalismo" por meio da criação de uma classe de *"bourgeoisie paysanne"* ou *"bourgeoisie rurale"*, que se encontrava, diz Lefebvre a certa altura, nos *bourgs*, onde era formada por burgueses propriamente ditos ou *rentiers*, notários, agentes do correio, médicos, cirurgiões, fiscais, intendentes;[11] mas, numa outra página, essa classe se torna um amálgama de camponeses proprietários e comerciantes;[12] e ainda outra vez volta a ser formada por *rentiers*, ou comerciantes, um cirurgião e funcionários da corte local, como por exemplo o amanuense, o notário, o intendente. [13] O quadro está tão confuso quanto nunca e a situação não melhora quando Lefebvre, afastando seu olhar das cidades pequenas e voltando-o para o campo, tem de admitir, com toda honestidade, como é difícil encontrar lá a burguesia rural. [14]

A conclusão que fomos forçados a tirar, embora Lefebvre não chegue a ela, é a de que a estrutura da sociedade do *Ancien Régime* era bastante mais complexa do que era admitido pelo puro modelo de burguesia e feudalismo. Ele reconhece, numa outra passagem, o problema da terminologia social. Ao discutir um decreto do Conselho Real que afetava a organização corporativa da fábrica de malhas em Orléans, ele diz que os termos usados no *arrêt* não correspondem nem ao uso corrente da época, nem às realidades social e econômica. Os *négociants*, que tinham obtido controle da indústria, eram também chamados, injustamente, de *fabricants* ou *marchands*, enquanto os artesãos eram de fato simples empregados assalariados. [15] Isso, na verdade, nos leva um pouco mais adiante do que foi dito acima, pois, como assinala Lefebvre, mostra o sistema corporativo sendo usado "como um meio de reforçar, legalmente, o controle do empresário capitalista". [16] O veredicto geral sobre a sociedade francesa no fim do *Ancien Régime*, com o qual Lefebvre conclui, é o de que as distinções de classe eram tão pronunciadas, ou em alguns aspectos mais pronunciadas, do que hoje em dia.[17] Diante da camada mais baixa da população, os burgueses ostentavam a mesma *hauteur* [altivez] e amiúde o mesmo desprezo que deploravam ter experimentado em relação à nobreza. [18] Em seus *cahiers*, os burgueses exigiam controles legais mais severos no que dizia respeito a seus trabalhadores. [19] Por outro lado, nas camadas mais elevadas da escala social, era evidente que as distinções estavam se tornando menos nítidas. Um relatório dos *juge-conseils* [conselhos de juízes] de Orléans mostra que os *négociants* incluíam *"gentilhommes"* em seus quadros e que muitos deles usufruíam os privilégios da nobreza em virtude de outorga real ou da compra do cargo de *sécrétaire du roi* [secretário do rei]. [20]

Para concluir, deve ser dito que não há nada no último trabalho de Lefebvre que seja incompatível com as mudanças que sugeri na forma de interpretar a Revolução. Pelo contrário, os novos dados que apresenta parecem confirmar e reforçar os argumentos deste livro. Eles mostram que as queixas dos representantes das camadas mais baixas — e por isso mesmo os indivíduos mais insatisfeitos — na cidade e no campo não eram contra a sobrevivência de uma ordem social feudal e antiga, mas sim contra o surgimento de uma nova ordem capitalista. O próprio Lefebvre vê os mesmos fatores atuando na cidade e no campo. A questão do fornecimento de alimentos, sugere ele, não foi o que originalmente criou a hostilidade entre os habitantes dessas duas áreas. Tomada fora do contexto, essa afirmação pode ser tida como duvidosa, embora, mesmo sustentando que o conflito entre cidade e campo era apenas secundário, Lefebvre tacitamente admite sua existência. Podemos pensar que foi mais importante do que ele admite, mas ao mesmo tempo concordaremos que, junto com tal conflito, se percebe uma luta diferente e que pode ser classificada como uma espécie de luta de classes. "Os artesãos e os lojistas tinham o mesmo ponto de vista dos proletários", escreve Lefebvre, "os pequenos proprietários camponeses, a mesma opinião dos diaristas; tanto os professores de direito quanto os clérigos condenavam a especulação."[21] Socialmente, conclui ele, havia uma luta contra o capitalismo em ascensão, embora não pareça perceber as implicações de seu argumento para a teoria da "revolução burguesa". A conseqüência deve ser, penso, a confirmação do ponto de vista formulado por mim de que a Revolução foi, em grande medida, *contra* e não *a favor* das novas forças do capitalismo. Além disso, pode ser interpretada, como também já disse, nos termos de uma tensão generalizada e de um antagonismo social entre os pobres e os ricos. Por conseguinte, mais uma vez Lefebvre pode ser chamado para nos ajudar, muito embora seja para corroborar uma tese que ele teria rejeitado.

Um dos objetivos do presente estudo foi sugerir, fornecendo um exemplo concreto, a possibilidade de uma abordagem empírica da tarefa de escrever a história social, a qual fará com que essa história escape dos modelos rígidos dos criadores de sistemas, que deduziram sua história a partir de suas teorias. A relação entre a teoria social e a história social deve ser semelhante, pelo que me parece, à relação das teorias política e econômica com, respectivamente, as histórias política e econômica. Cada um desses saberes teóricos foi elaborado depois do exame de um vasto campo de experiência histórica. A terminologia derivada deles é, por isso, importante para a tarefa do historiador. Por outro lado, uma fraqueza específica de muitas teorias sociais, especialmente do ponto de vista de sua aplicabilidade na história, tem sido o fato de negligenciar o dado histórico e de utilizar, quase exclusivamente, uma pequena quantidade de dados da época. Isso não significa apenas que elas tenham desenvolvido uma linguagem inapropriada para circunstâncias passadas, mas também que tais teorias lidam ou com uma situação estática, ou com outra que envolve mudanças a curtíssimo prazo. A história, por outro lado, exige uma visão geral, que não é conseguida concentrando-se a atenção em processos que duraram poucos meses ou mesmo poucos anos.

Tudo o que foi escrito sobre a história social do período revolucionário continha esses defeitos. Foi adotada como modelo uma teoria social derivada das circunstâncias de uma época posterior, sendo usados, com o objetivo da análise histórica, acontecimentos de dois ou três anos de duração. Essa interpretação era então projetada para frente e para trás e as histórias dos séculos anteriores e posteriores eram deformadas pela influência do mesmo modelo arbitrário. Para adaptar-se à teoria, a França do século XVIII tinha que ser vista — desprezando-se os fatos — como uma sociedade ainda basicamente feudal, porém uma sociedade que se tornaria, depois da Revolução, predominantemente capitalista e industrial. Assim, Lefebvre pôde escrever sobre as "terríveis condições às quais a indústria de grande porte estava prestes a levar a classe trabalhadora no curso das décadas seguintes",[22] ignorando as terríveis condições — e a quantidade — dos pobres em 1789, descritas por ele próprio, e dando a impressão de que a França possuía uma indústria de grande porte nos primeiros anos do século XIX, impressão que se adaptava a sua teoria mas que os fatos, infelizmente, negavam.

Se, por outro lado, olharmos sem idéias preconcebidas para a sociedade que surgiu com a Revolução, ficaremos bastante impressionados com os elementos permanentes da configuração social francesa. É verdade que veremos uma sociedade com muitos elementos novos, porém apresentando sobre sua superfície, como um palimpsesto, o texto insuficientemente apagado do *Ancien Régime*. Todo o desenvolvimento da sociedade francesa ganha nova luz se reconhecemos que a Revolução foi um triunfo para as classes conservadoras, ricas e possuidoras de terras, fossem elas grandes ou pequenas. Esse foi um dos fatores — claro que não o único — que contribuíram para o atraso econômico da França no século seguinte. Isso nos ajuda a ver que durante a Revolução a hierarquia social, que era modificada pela e se baseava claramente na riqueza — em particular na riqueza medida em quantidade de terras —, na influência política e em menor grau na descendência e nas ligações com a aristocracia, foi fortalecida e reafirmada. Mais uma vez, é verdade que a Revolução trouxe importantes reformas de natureza humanitária e eliminou inúmeras barreiras tradicionais que impediam a criação de um Estado moderno mais unificado e mais eficiente politicamente: porém isso também frustrou o movimento por um melhor tratamento das classes mais pobres da sociedade, tanto rurais quanto urbanas, que se tinha manifestado nos últimos anos do *Ancien Régime*. O proletariado agrícola, diz Lefebvre, sofreu com a Revolução.[23] As atividades de caridade da Igreja no século XVIII (e elas não devem ser subestimadas) de um modo geral chegaram ao fim. Os *biens de charité* [bens de caridade] foram incorporados aos *biens nationaux* no ano II e até o dia 29 de frutidor do ano III fizeram aumentar as propriedades daqueles que compravam terras da Igreja.[24] Para os pobres, possivelmente o governo instalou um clima mais severo. Quem quer que tenha ganho a Revolução, o fato é que eles perderam.

Não estou dizendo algo de realmente novo e nada que os próprios historiadores da grande tradição revolucionária não tenham dito. Porém, uma vez tendo sido dito, comumente se pôs de lado e se esqueceu isso, porque a possibilidade de uma Revolução do povo — um termo ambíguo — resultando em conseqüências desastrosas para o próprio povo não podia ser cogitada. A Revolução era, por definição, uma coisa boa. Se algo de ruim parecesse estar envolvido nela, então não fazia parte dela, ou na verdade não existia. A Revolução tornou-se um mito de acordo com o pensamento de Sorel, como foi afinal anunciado por Georges Lefebvre.[25] Como a era heróica do republicanismo francês, não se podia macular a recordação que se tinha dela. Como mãe das revoluções que se seguiriam, para usar a frase de Guérin, tinha de ser tratada com uma solicitude filial. Representava um estádio inicial da estrada que a civilização tinha de percorrer. Vê-la como um desvio, ou mesmo uma inversão do sentido único do tráfego imposto pelas leis da grande filosofia da história, era chocante demais para ser considerado.

Mesmo quando os dados que podiam ter levado a uma diferente interpretação da Revolução eram mencionados, eles eram forçados a se adaptarem ao modelo preconcebido. Lefebvre argumenta que a interpretação econômica da história toma uma forma indevidamente restrita quando a Revolução é vista como resultado simplesmente da ascensão da burguesia. Isso também se deve, diz ele, à resistência dos privilegiados diante do nascimento de uma nova ordem econômica e à oposição das classes menos favorecidas diante do surgimento da sociedade capitalista. A indignação dessas classes em relação à aristocracia, ele concorda, não se devia apenas ao fato de que a ordem feudal sempre os tivesse oprimido, mas era causada também porque o espírito capitalista estava penetrando na própria aristocracia e se tornando mais detestável. Muito disso é verdade, embora não represente toda a verdade; porém a conclusão a que se chega é a de que, embora nesse sentido o nascimento de uma nova ordem social provocasse reações hostis, estas, ao mesmo tempo, confirmavam seu triunfo. Não importa que essa visão seja um pouco ilógica, porém ela também admite que a suposta nova ordem social triunfou de fato.

Tentei mostrar que os processos sociais da Revolução são passíveis de uma interpretação bastante diferente e até mesmo completamente contrária à que ficou consagrada, uma interpretação segundo a qual ela não foi, de jeito nenhum, uma revolução a favor, mas amplamente contra a introdução de um capitalismo embrionário na sociedade francesa. Considerada como tal, ela em grande parte alcançou seu objetivo. Os camponeses proprietários no campo, e os advogados, *rentiers* e homens de posses nas cidades, conseguiram resistir aos novos rumos econômicos. Os últimos, em particular, tomaram o controle da Revolução e consolidaram seu regime com a ditadura de Napoleão. "Unida ao que restou da antiga nobreza", diz Lefebvre, "ela [a burguesia] constituía, dali por diante, uma aristocracia de proprietários, poderosa o bastante para oprimir, sob o jugo de sua ditadura econômica, a democracia rural que ela em parte havia criado." [26]

Até onde tinham sido discutidos os processos econômicos capitalistas, tratou-se de uma revolução a favor, e não contra, o capitalismo. Creio que se teria reconhecido isso há muito tempo se não fosse pela influência de uma teoria sociológica não-histórica. A má interpretação foi facilitada pelas ambigüidades inerentes à noção de burguesia. Os burgueses da teoria formam uma classe de capitalistas, empresários industriais e financistas de grandes negócios; os burgueses da Revolução francesa eram proprietários de terras, *rentiers*, funcionários, incluindo em seu aquário peixes um pouco maiores, muitos de tamanho médio e uma grande quantidade de peixes pequenos, que — todos sabiam — nadavam no mesmo elemento e que, sem a influência difusa da hierarquia e sem a manutenção dos direitos de propriedade individuais e familiares contra qualquer influência do Estado, seu modo de vida, restrito, imutável, conservador, repetitivo, teria chegado a um fim. A Revolução se deveu a eles, e pelo menos para eles foi uma revolução totalmente vitoriosa.

Notas

Capítulo 1 (pp. 11-16)

1. *Historical Studies*, I, org. T. Desmond Williams, 1958, pp. 1-19.
2. *Historical Studies*, III, org. James Hogan, 1961, pp. 1-8.
3. *Historical Studies*, I, p. 12.
4. *Ibid.*, p. 15.
5. M. Oakeshott, *Experience and its Modes*, 1933, p. 143.
6. *Cf. Historical Studies*, I, pp. 18-19.
7. J. B. Bury, *An Inaugural Lecture*, 1903, pp. 31-2.
8. F. M. Powicke, "The Collection and Criticism of Original Texts", 1931, in *Modern Historians and the Study of History*, 1955, p. 192.
9. Marc Bloch, *Les caractères originaux de l'histoire rurale française*, II, org. R. Dauvergne, 1956, p. xvii.
10. G. Barraclough, *History in a Changing World*, 1955, p. 29.
11. *New Cambridge Modern History*, I, 1957, General Introduction, p. xxi.
12. *Cf. Historians and Causes of the French Revolution*, 1958, de minha autoria.

Capítulo 2 (pp. 17-21)

1. G. Lefebvre, *Études sur la Révolution française*, 1954, p. 246.
2. A. Soboul, *Précis d'histoire de la Révolution française*, 1962, p. 8.
3. R. Mousnier, "Recherches sur les soulèvements populaires en France avant la Fronde", *Revue d'histoire moderne et contemporaine*, V, 1958, p. 83.
4. *The Myth of the French Revolution*, 1955, pp. 8 e segs.
5. G. Lefebvre, "Le mythe de la Révolution française", *Annales historiques de la Révolution française*, n. 145, 1956, pp. 337-45.
6. *Ibid.*, p. 345.

7. J. L. Talmon, *The Origins of Totalitarian Democracy*, 1952.
8. B. W. Schaper, "Robespierre opnieuw bekeken balaus van een bicentenaire", *Tidschrift voor Geschiedenis*, 1960, p. 23. H. Calvet advertiu que sob a influência das teorias sociológicas abstratas a história se tornaria *"une sorte de mythologie où les dieux nouveaux, maîtres absolus du sort des hommes et de leurs actions, s'appelleraient esprit de classe ou mouvement des prix"*. "Sur l'histoire de la Révolution française", *Revue d'histoire moderne et contemporaine*, 1954, p. 305.
9. D. Guérin, *La Lutte des classes sous la première république: bourgeois et "bras-nus" (1973-97)*, 1946; *La Nouvelle réforme*, 1958, p. 217.
10. W. Markov, "Les Jacquesroutins", *Annales historiques de la Révolution française*, XXXII, 1960, p. 165.
11. E. H. Carr, *What is History?*, 1961, p. 60.
12. J. Schumpeter, *Imperialism, Social Classes* (edição de 1955), p. 102.
13. K. Popper, *The Poverty of Historicism*, 1957, pp. 108-9.

Capítulo 3 (pp. 22-30)

1. A. Cobban, "The Beginning of the Channel Isles Correspondence 1789-1794", *English Historical Review*, LXXVII, 1962, p. 47 e n. 5.
2. *Cf.* Paul Bois, *Paysans de l'Ouest*, 1960, p. 473.
3. *Op. cit.*, pp. 431-2.
4. Schumpeter, *op. cit.*, p. 126.
5. A. Soboul, *Précis*, p. 11.
6. *Ibid.*

Capítulo 4 (pp. 31-38)

1. M. Reinhard, "Sur l'histoire de la Révolution française", *Annales*, 1959, p. 568.
2. *Ibid.*, p. 569.
3. F. L. Ganshof, *Qu'est ce que la féodalité?*, 1947, p. 11.
4. *Ibid.*
5. *Ibid.*
6. J. Hurstfield, "The Profits of Fiscal Feudalism, 1541-1602", *Economic History Review*, VIII, 1955-56, pp. 53-61.
7. Ph. Sagnac e P. Caron, *Les comités des droits féodaux et de législation et l'abolition du régime seigneurial (1789-1793)*, 1907, pp. xi-xiii.
8. G. Lizerand, *Le régime rural de l'ancienne France*, 1942, p. 85.
9. Citado em M. Garaud, *La Révolution et la propriété foncière*, 1959, p. 1.
10. M. Bloch, *Les caractères originaux de l'histoire rurale française*, 1931, p. 134.
11. *Ibid.*, p. 138.

12. Citado em H. Thirria, *La vie privée des financiers au XVIIIe siècle*, 1895, p. 107.
13. H. Carré, *La Noblesse de France et l'opinion publique au XVIIIe siècle*, 1920, pp. 130-1.
14. *Ibid.*
15. *Ibid.*
16. F. Grille, *Introduction aux Mémoires sur la Révolution française*, 1825, II, pp. 312-13.
17. Citado em Carré, *La Noblesse de France*, p. 123.
18. *Ibid.*
19. J. Sentou, "Impôts et citoyens actifs à Toulouse au début de la Révolution", *Annales du Midi*, LXI, 1948, p. 179.
20. R. Forster, *The Nobility of Toulouse in the eighteenth century*, 1960, p. 175; *cf.* Sentou, *loc. cit.*
21. Forster, p. 38.
22. *Ibid.*, pp. 25-6.
23. L. S. Mercier, *Tableau de Paris.*
24. C. L. Chassin, *Les Élections et les cahiers de Paris en 1789*, 1888-89, II, p. 217.
25. *Ibid.*, I, pp. 92-3, 255; II, pp. 218-19, 257.
26. *Ibid.*, I, p. 360.
27. *Ibid.*, IV, p. 163.
28. *Ibid.*, II, p. 252.
29. *Ibid.*, III, p. 30.
30. *Cf. infra*, pp. 75-6.
31. Reinhard, "Sur l'histoire de la Révolution française", p. 557.
32. *Ibid.*, p. 558.
33. R. Dufraisse, *Paysans et forêts sous la Revolution: les droits d'usage*, 1959.
34. M. Garaud, *La Révolution et la propriété foncière*, pp. 170-1.
35. Bois, *Paysans de l'Ouest*, pp. 710-11.
36. A. Plaisse, *La baronnie de Neubourg*, 1961, p. 594.
37. *Ibid.*, p. 622.
38. *Cf.* marquês de Ferrières, *Correspondance inédite 1789, 1790, 1791*, org. H. Carré, 1932; *cf.* Lefebvre, *Études*, p. 280, onde está assinalado que esse era o caso de muitos nobres.
39. H. Loriquet (org.), *Cahiers de doléances de 1789 dans le département du Pas-de-Calais*, 1891, I, pp. 121, 564.
40. *Ibid.*, I, pp. 448-9.
41. C. A. Desplaces de Charmasse, *Cahiers des paroisses et communautés du bailliage d'Autun*, 1874, p. 150.

Capítulo 5 (pp. 39-52)

1. H. Doniol, *La Révolution française et la féodalité*, 1874, pp. 21-2.
2. H. Méthivier, *L'ancien régime*, 1961, p. 18.

3. Lefebvre, *Études*, p. 249.
4. *Ibid.*, p. 258.
5. E. Champion, *La France d'après les cahiers de 1789*, 1921, p. 95.
6. G. Laurent, *Reims et la région rémoise à la veille de la Révolution: la convocation des États généraux de 1789. Introduction aux cahiers de doléances du bailliage de Reims*, 1930, p. 242.
7. M. Bouloiseau (org.), *Cahiers de doléances du tiers état du bailliage de Rouen*, 1957, I, p. cxii.
8. Plaisse, *La baronnie de Neubourg*, p. 594.
9. E. Martin, *Cahiers de doléances du bailliage de Mirecourt*, 1928, p. 254.
10. Desplaces de Charmasse, *Cahiers d'Autun*, p. 107.
11. Bouloiseau, *Cahiers de Rouen*, I, p. 237.
12. G. Lefebvre, *Paysans du Nord*, 1924, p. 138.
13. *Ibid.*, pp. 140-1.
14. Sagnac et Caron, *Les comités des droits féodaux*, pp. 194-5.
15. *Ibid.*, p. 196.
16. *Ibid.*, pp. 186-7.
17. *Ibid.*, p. xiii.
18. *Ibid.*, pp. 170-1.
19. A. Aulard, *La Révolution française et le régime féodal*, 1919, p. 109.
20. Reinhard, "Sur la Révolution française", p. 558.
21. Cf. Plaisse, *La baronnie de Neubourg*, p. 352; G. Roupnel, *La ville et la campagne au XVIIe siècle: étude sur les populations du pays dijonnais*, 1922, 2ª ed. — 1952, p. 249; H. Méthivier, *L'ancien régime*, 1961, p. 20.
22. H. Hauser, "The caracteristic features of French Economic History from the Middle of the Sixteenth to the Middle of the Eighteenth Century", *Economic History Review*, IV, 1933, p. 263. "Uma hemorragia constante de capital, que o removia dos negócios tão logo era criado; e a classe comercial foi decapitada por meio da transformação de seus melhores representantes em profissionais."
23. Lefebvre, *Paysans du Nord*, p. 161 n.
24. Doniol, *La Révolution française et la féodalité*, pp. 27, 39.
25. Garaud, *La Révolution et la propriété foncière*, p. 7.
26. C. E. Labrousse, *La Crise de l'économie française à la fin de l'ancien régime et au début de la Révolution*, 1944, p. 566.
27. Bouloiseau, *Cahiers de Rouen*, I, p. xxx.
28. Laurent, *Reims et la région rémoise*, p. 179.
29. Lefebvre, *Paysans du Nord*, p. 15.
30. C. Anglade, "Un exemple de la réaction nobiliaire dans le Comminges à la veille de la Révolution", *Annales du Midi*, 1953, pp. 171-80.
31. Sagnac et Caron, *Les Comités des droits féodaux*, p. 83.
32. P. de Saint-Jacob, *Les Paysans de la Bourgogne du Nord au dernier siècle de l'ancien régime*, 1960, pp. 469, 472.
33. *Ibid.*, p. 571.
34. *Ibid.*, p. 423.
35. *Ibid.*, p. 413.

36. S. Herbert, *The Fall of Feudalism in France*, 1921, pp. 43, 47; J. Savina et D. Bernard (org.), *Cahiers de doléances des sénéchaussées de Quimper et de Concarneau*, I, 1927, p. xv; G. Lizerand, *Le régime rural de l'ancienne France*, 1942, p. 170; F. L. Ford, *Robe and Sword*, 1953, pp. 165, 167; Garaud, *La Révolution et la propriété foncière*, pp. 171-2.
37. V. Fourastié, *Cahiers de doléances de la sénéchaussée de Cahors*, 1908. p. 4.
38. Citado em Méthivier, *L'ancien régime*, p. 76.
39. Lefebvre, *Études*, p. 166-7.
40. Méthivier, *L'ancien régime*, p. 30.
41. Lefebvre, *Études*, p. 636.
42. Méthivier, *L'ancien régime*, p. 66.
43. Ford, *Robe and Sword*, p. 167.
44. Lefebvre, *Études*, p. 65; Bouloiseau, *Cahiers de Rouen*, II, p. 158; Garaud, *La Révolution et la propriété foncière*, p. 172; Savina et Bernard, *Cahiers de Quimper et de Concarneau*, I, p. xviii.
45. Doniol, *La Révolution française et la féodalité*, pp. 27-8.
46. Saint-Jacob, *Les paysans de la Bourgogne*, pp. 428-9.
47. Méthivier, *L'ancien régime*, p. 24.
48. Mercier, *Tableau de Paris*, I, p. 143.
49. Aulard, *La Révolution française et le régime féodal*, pp. 58-9.
50. E.g. Bois, *Paysans de l'Ouest*, p. 197.
51. J. McManners, *French Ecclesial Society under the ancien régime*, 1961, p. 116.
52. *Réimpression de l'ancien moniteur*, 1840, I, p. 284.
53. F. Mège, *Les cahiers des paroisses d'Auvergne en 1789*, 1899, p. 112.
54. Desplaces de Charmasse, *Cahiers d'Autun*, p. 37.
55. Renauldon, *Traité historique... des droits seigneuriaux*, p. 5: citado em Garaud, *La Révolution et la propriété foncière*, p. 73.
56. Mège, *Cahiers d'Auvergne*, p. 112.
57. Saint-Jacob, *Paysans de la Bourgogne*, pp. 421-2.
58. As referências que justificam tal afirmação são muitas para que sejam arroladas aqui.
59. R. Jouanne, *Cahiers des doléances des corps et corporations de la ville d'Alençon*, 1929, p. xix.
60. Savina et Bernard, *Cahiers de Quimper et de Concarneau*, I, p. 26.
61. Desplaces de Charmasse, *Cahiers d'Autun*, pp. 155, 278-9 e em outras partes.
62. Savina et Bernard, *Cahiers de Quimper et de Concarneau*, I, p. 26.
63. Jouanne, *Cahiers d'Alençon*, p. 52.
64. Savina et Bernard, *Cahiers de Quimper et Concarneau*, I, p. 26.
65. C. Étienne, *Cahiers de doléances des bailliages des généralités de Metz et de Nancy*, 1912, II, p. 149.
66. C. Anglade, "Un exemple de la réaction nobiliaire", *Annales du Midi*, 1953, pp. 175-6; Savina et Bernard, *Cahiers de Quimper et de Concarneau*, I, p. 26.

67. Martin, *Cahiers de Mirecourt*, p. 7.
68. Sagnac et Caron, *Les Comités des droits féodaux*, pp. 207-8
69. *V. infra*, pp. 92-4

Capítulo 6 (pp. 53-63)

1. Mathiez, *La Révolution française*, I, p. 48.
2. Soboul, *Précis*, p. 38.
3. *Ibid.*, p. 58.
4. G. Lefebvre, *La Révolution française*, 1951, pp. 48-50.
5. *V. supra*, p. 28.
6. M. Marion, *Histoire financière de la France*, I, p. 196.
7. Sénac de Meilhan, *Du gouvernement, des moeurs, des conditions en France avant la Révolution*, 1795, p. 69.
8. C.-P. Duclos, *Considérations sur les moeurs de ce siècle*, org. F. C. Green, 1939, p. 125.
9. Bouloiseau, *Cahier de Rouen*, I, p. lxiii.
10. *V. supra* p. 25.
11. Cobban, "The Beginnings of the Channel Isles Correspondence", *English Historical Review*, LXXVII, 1962, p. 47 e n. 5.
12. Jouanne, *Cahiers d'Alençon*, p. XV.
13. Bois, *Paysans de l'Ouest*, p. 367.
14. Cf. Ford, *Robe and Sword*, p. 149.
15. *E. g.* em Dauphiné um *charge* no *parlement* de Grenoble, que valia 110 mil libras em 1665, por volta de 1764 diminuíra para 60 mil libras; enquanto o posto de *conseiller*, que antigamente valia 66 mil libras, por volta de 1780 valia apenas 19 mil. J. Egret, *Le parlement de Dauphiné, et les affaires publiques dans la deuxième moitié du XVIIIe siècle*, 1942, I, p. 18; II, p. 36.
16. Ford, *loc. cit.*
17. Bouloiseau, *Cahiers de Rouen*, I, pp. 54-5.
18. *Ibid.*, pp. 21-2.
19. *Ibid.*, I, p. 221.
20. *Ibid.*, I, p. xiii.
21. *Ibid.*, I, p. lxiv.
22. M. Lhéritier, *La Fin de l'Ancien Régime et la Préparation des États Généraux (1787-1789). La Révolution à Bordeaux*, 1942, p. 232.
23. P. Nicolle, *Histoire de Vire Pendant la Révolution (1789-1800)*, 1923, p. 36.
24. P. de Saint-Jacob, "Histoire économique et sociale dans les archives de la jurisdiction consulaire de Dijon (1715-1789)", *Bulletin de la société d'histoire moderne*, n. 1, 1958, p. 6.
25. Reinhard, "Sur l'histoire de la Révolution française", p. 560.
26. C.-E. Labrousse, *La crise de l'économie française à la fin de l'ancien régime et au début de la Révolution*, 1944, p. xlviii.

27. Lefebvre, *La Révolution française*, 1951, p. 75.
28. Reinhard, *op. cit.*, p. 561.
29. Cobban, *The Myth of the French Revolution*, 1955, pp. 23-5.
30. Lefebvre, "Le mythe de la Révolution française", p. 343.
31. R. Mousnier et E. Labrousse, *Le XVIIIe siècle*, 1953, p. 391 e s.
32. R. Picard, *Les cahiers de 1789 et les classes ouvrières*, 1910, p. 68.
33. A. Colomès, *Les ouvriers de textile dans le Champagne troyenne, 1730-1752*, 1943, p. 31.
34. Picard, *op. cit.*, p. 70; J. Flammermont, *Remontrances du parlement de Paris au XVIIIe siècle*, 1895-97, III, p. 310.
35. Picard, *op. cit.*, p. 86.
36. F. Braesch, *1789: l'année cruciale*, 1941, p. 251.
37. H. Sée, *L'évolution commerciale et industrielle de la France sous l'ancien régime*, 1925, p. 355.
38. H. Grange, "Turgot et Necker devant le problème des salaires", *Annales historiques de la Révolution française*, n. 146, 1957, p. 21.
39. Ibid., pp. 25-6, 28, 30.
40. F. Gerbaux et Ch. Schmidt, *Procès-verbaux des comités d'agriculture et de commerce*, 1906, I, p. 565.
41. *Cf. infra*, pp. 129-30.
42. A. Soboul, "Sur la fortune des Girondins", *Annales historiques de la Révolution française*, n. 136, 1954, pp. 257-60.
43. M. J. Sydenham, *The Girondins*, 1961.
44. Soboul, *Précis*, pp. 228-9.
45. *Ibid.*
46. *Ibid.*
47. *Ibid.*, p. 159.
48. A. Choulguine (K. A. Shul'gin), "L'organisation capitaliste de l'industrie existait-elle en France à la veille de la Révolution?", *Revue d'histoire économique et sociale*, X, 1922, pp. 184-218.

Capítulo 7 (pp. 64-73)

1. *V. infra*, p. 30.
2. *L'Ancien moniteur*, III, p. 553.
3. M. Lhéritier, *Liberté (1789-1790). Les Girondins: Bordeaux et la Révolution française*, 1947, pp. 138-9.
4. Arthur Young, *Travels in France*, 25 de agosto de 1787.
5. *E. g.* em Abbeville, 19 de maio de 1787.
6. F. L. Nussbaum, *Commercial Policy in the French Revolution. A study of the career of G. J. A. Ducher*, 1923, p. 77.
7. G. Laurent, *Reims et la région rémoise*, pp. 135-6.
8. Bouloiseau, *Cahiers de Rouen*, I, pp. cxvi-cvii.
9. *Ibid.*, I, p. cxiii.
10. No futuro livro dele sobre a luta pela abolição dos direitos alfandegários na França do século XVIII.

11. *Ibid.*
12. *Ibid.*
13. *Cf.* Grille, *Introduction aux Mémoires,* II, pp. 104-6; Loriquet, *Cahiers du Pas-de-Calais,* I, pp. 33, 52, 75, 82, 100, 157.
14. Os Deputados de Comércio tornaram-se agentes mais da Coroa do que das cidades que supostamente representavam. Por causa disso, deputados extras foram chamados a Paris em 1788 das cidades mercantis. Bosher, *loc. cit.*
15. Nussbaum, *op. cit.,* p. 44.
16. *Ibid.,* p. 84.
17. *Ibid.,* p. 193.
18. *Ibid.,* pp. 107-8.
19. *Ibid.,* p. 113.
20. "Napoleon and English Commerce", *English Historical Review,* VIII, 1893, p. 704.
21. Nussbaum, *op. cit.,* p. 291 e s.
22. F. Crouzet, "Les conséquences économiques de la Révolution à propos d'un inédit de Sir Francis d'Invernois", *Annales historiques de la Révolution française,* n. 168, 1962, pp. 214-15.
23. H. Sée, *L'évolution commerciale et industrielle de la France sous l'ancien régime,* 1925, p. 247.
24. Crouzet, *op. cit.,* pp. 199, 202.
25. *Ibid.,* p. 202.
26. *Ibid.,* p. 202, 204.
27. *Ibid.,* p. 205, citando A. Chabert, *Essai sur les mouvements des revenus et de l'activité économique en France de 1798 à 1820,* 1949, p. 130.
28. Porém, houve forte oposição a isso. *V. infra,* pp. 130-1.
29. Crouzet, *op. cit.,* p. 205, citando Ch. Ballot, *L'introduction du machinisme dans l'industrie française,* 1923, pp. 67, 73-5, 80, 82.
30. Crouzet, *op. cit.,* p. 207.
31. J. Labasse, *Le commerce des soies à Lyon sous Napoléon et la crise de 1811,* 1957, p. 127.
32. G. Marinière, "Les marchands d'étoffes de Toulouse à la fin du XVIIIe siècle", *Annales du Midi,* t. 70, 1958, p. 308.
33. Sée, *L'évolution commerciale et industrielle,* p. 304.
34. *V. supra,* pp. 53-4.
35. Os *enragés,* trazidos à luz da história por Mathiez.
36. George V. Taylor, "The Paris bourse on the eve of the Revolution, 1781-1789", *American Historical Review,* LXVII, 1962, pp. 976-7.
37. Soboul, *Précis,* p. 441.
38. V. nota 23.
39. Soboul, *Précis,* p. 475.
40. Por exemplo, em Lyon, Toulouse e Bordeaux.
41. P. Léon, *La naissance de la grande industrie en Dauphiné,* 1954, p. 370.
42. Crouzet, *op. cit.,* p. 312.

Capítulo 8 (pp. 74-81)

1. Lefebvre, "Le mythe de la Révolution française".
2. Reinhard, "Sur l'histoire de la Révolution française", p. 557.
3. Marquis de Ferrières, *Correspondance inédite*, p. 212.
4. *The Correspondence of Edmund Burke*, vol. vi, org. A. Cobban e R. Smith.
5. Cf. L. G. Wickham Legg, *Select documents of the French Revolution*, 1905, I, pp. 171-5.
6. Bois, *Paysans de l'Ouest*, p. 664, n. 2.
7. Reinhard, "Sur l'histoire de la Révolution française", p. 561.
8. Soboul, *Précis*, p. 478.
9. Ver capítulo 6.
10. Reinhard, *op. cit.*, p. 561.
11. M. Reinhard, "Élite et noblesse dans la seconde moitié du XVIIIe siècle", *Revue d'histoire moderne et contemporaine*, III, 1956.
12. G. Lefebvre, in *Annales historiques de la Révolution française*, n. 119, 1950, p. 276.
13. J. Labasse, *Le commerce des soies à Lyon sous Napoléon et la crise de 1811*, 1957, p. 31.
14. Citado em R. Bigo, *Les Bases historiques de la finance moderne*, 1933, p. 4.
15. P. Bouyoux, "Les 'six cents plus imposés' du département de la Haute-Garonne en l'an X", *Annales du Midi*, t. 70, 1958, pp. 317-27.
16. *Ibid.*
17. H. Taine, *Les Origines de la France contemporaine*: *la Révolution*, 10ª ed. — 1881, I. p. 386.
18. Lefebvre, *Études*, p. 238.
19. Bois, *Paysans de l'Ouest*, pp. 313-14.
20. É evidente que existe uma grande diversidade regional nos resultados das vendas de *biens nationaux*. *Cf.* Lefebvre, *Études*, pp. 235-6. No Norte, não levando em conta as compras desses *biens* que burgueses adquiriram de outros burgueses ou de *émigrés*, a opinião de Lefebvre é a de que os camponeses obtiveram duas vezes mais terras do que os burgueses. *Paysans du Nord*, pp. 504-6. Para fazerem frente à concorrência de compradores mais ricos das cidades, os camponeses às vezes formavam associações para oferecerem preços por terras. C. Porée, *Documents relatifs à la vente des biens nationaux dans le district de Sens*, 1912-13, I, p. cxxiii. O decreto de 24 de abril de 1793, permitindo a venda em lotes pequenos, e o decreto de 13 de setembro, segundo o qual a população mais pobre podia adquirir a propriedade dos *emigrés* até o valor de 500 libras e pagar por prestações que se estendiam durante 20 anos sem benefícios para o proprietário, facilitaram as compras feitas pelos camponeses. *Paysans du Nord*, p. 462; *cf.* Porée, *op. cit.*, p. xcii. A intimidação dos camponeses também deve ter contribuído para desencorajar possíveis compradores burgueses. *Paysans du Nord*, p. 443. Por outro lado, os homens de negócios das

cidades foram acusados de formar, de vez em quando, uma *bande noire* para manobrar fraudulentamente os leilões. Porée, *op. cit.*, p. cxxv. É claro que as propriedades na cidade não interessariam aos camponeses e nesse caso os burgueses tinham o monopólio. Lefebvre, *Études*, p. 232. Em Sens, os compradores burgueses, embora fossem apenas 393 enquanto os camponeses eram em número de 914, adquiriram duas vezes mais terras do que esses camponeses. Ao mesmo tempo, adquiriram 114 casas, nove moinhos e 21 outros prédios dos camponeses. 12, I, e 4, respectivamente. Porée, *op. cit.*, pp. cxxxii-vi. Em torno das grandes cidades, no norte (e sem dúvida em outros lugares) predominavam os compradores burgueses. *Paysans du Nord*, p. 503. Mesmo na vizinhança das cidades pequenas, como Vire, as compras de *biens nationaux* efetuadas por camponeses eram mais difíceis e raras. Lefebvre, *Études*, p. 235. As vendas de *biens nationaux*, Lefebvre concluiu (embora não com algumas dúvidas e hesitações, pois o que ele diz sobre o Norte parece indicar o contrário), beneficiou principalmente os burgueses. Lefebvre, *Études*, p. 232. Na região de Sens, segundo Porée, alguns fazendeiros pequenos podiam comprar terras, porém os lotes maiores ficavam com os compradores mais ricos. "Embora eles às vezes adotassem a qualificação de *cultivateurs*, que na época estava na moda, eram na verdade *bourgeois campagnards*, sobretudo eram homens de negócios que, tendo substituído os donos na exploração da área da propriedade e na cobrança de tributos senhoriais, eram implacáveis com os *censitaires* e tinham enriquecido à custa tanto do *seigneur* quanto daqueles que lhe deviam tributos ou serviços." Porée, *op. cit.*, p. cxxii.

21. *Cf.* Lefebvre, *Études*, p. 232.
22. Bois, *Paysans de l'Ouest*, p. 320.
23. *Cf.* Sherman Kent, *Electoral Procedure under Louis Philippe*, 1937.

Capítulo 9 (pp. 82-91)

1. *The Communist Manifesto*, 1848.
2. Soboul, *Précis*, p. 10.
3. Lefebvre, *Études*, p. 249.
4. Saint-Jacob, *Paysans de la Bourgogne*, p. 559.
5. Braesch, *1789, L'année cruciale*, pp. 241-3.
6. Aulard, *La Révolution française et le régime féodal*, p. 135.
7. Bois, *Paysans de l'Ouest*, p. 164, n. 1.
8. *Cf.* Herbert, *Fall of Feudalism*, pp. 100, 127-8; Lefebvre, *Études*, p. 250; Bois, *Paysans de l'Ouest*, p. 663.
9. Aulard, *La Révolution française et le régime féodal*, p. 81.
10. Bois, *Paysans de l'Ouest*, p. 659.
11. A exigência do campo de representação pode ser ilustrada pelos *cahiers* camponeses do Artois, onde se pede que os camponeses sejam admitidos nos *États*. Loriquet, *Cahiers du Pas-de-Calais*, I, pp. 202, 221, 239; e pede, especificamente, que os habitantes do campo tenham tantos

representantes nos *États* do Artois quanto as cidades. *Ibid.*, I, pp. 181, 275, 512 e *passim*. Alarmados com a supremacia numérica de habitantes do campo entre os votantes — 90 por cento, segundo um *cahier* —, os citadinos queriam que a força eleitoral dos camponeses fosse diminuída de modo a representar a metade em relação às outras classes do Tiers. *Archives Parlementaires*, III, p. 493. Em Reims, foi alegado que, sendo a maior parte do *tiers état* formada de camponeses, era necessário que, de acordo com os interesses da agricultura, se reduzisse o número de representantes desses camponeses. Um motivo mais plausível era o medo de que as paróquias rurais elegessem trabalhadores domésticos, têxteis ou metalúrgicos, que poderiam entrar, juntamente com os trabalhadores das cidades, em causas comuns. Laurent, *Reims et la région rémoise*, pp. 346-7. Em Bordeaux, se manifestava a crença de que os descontentes da cidade, que não tinham sido eleitos, estavam se dirigindo às vilas e localidades rurais, incitando os insatisfeitos e tentando fazer com que os camponeses os escolhessem como representantes. Lhéritier, *La Fin de l'ancien régime et la préparation des États généraux*, pp. 227, 229, 232. Na *sénéchaussée* de Nantes, os camponeses podiam obter uma maioria na primeira votação. Protestos patriotas protegiam a partir de Necker uma redução drástica do número de delegados camponeses, e nas eleições finais para os États généraux os oito que foram eleitos eram todos habitantes de Nantes. Soreau, *Chute de l'ancien régime*, 1937, p. 138.

12. J. Egret, "La Révolution aristocratique en France-comté et son échec (1788-1789)", *Revue d'histoire moderne et contemporaine*, I, 1954, p. 256.
13. Chassin, *Les Élections et les Cahiers de Paris en 1789*, I, p. 380 (de um panfleto "De la nécéssité de publier les noms des candidats"): cf. Savina et Bernard, *Cahiers de Quimper et de Concarneau*, I, p. 59, n. 1.
14. *Cf.* Lhéritier, nota 260.
15. Bouloiseau, *Cahiers de Rouen*, I, pp. lxxxviii, civ; II, p. 439.
16. H. Loriquet, *Cahiers du Pas-de-Calais*, I, p. 184.
17. Desplaces de Charmasse, *Cahiers d'Autun*, p. 85.
18. F. Mège, *Les cahiers des paroisses d'Auvergne en 1789*, 1899, p. 248.
19. Loriquet, *Cahiers du Pas-de-Calais*, II, p. 185.
20. *Ibid.*, II, p. 317.
21. Bouloiseau, *Cahiers de Rouen*, II, p. 185.
22. Mège, *Cahiers d'Auvergne*, p. 268.
23. Bouloiseau, *Cahiers de Rouen*, II, p. 284.
24. Lefebvre, em seu estudo definitivo acerca dos camponeses do norte, observou que era *bien curieux* [bastante curioso] que ao sul do Sambre as vilas manifestassem uma preferência pelo trabalho de *corvée* em vez da taxa que o havia substituído (Lefebvre, *Paysans du Nord*, p. 236 e n. 2). Ele não fornece nenhuma explicação e na verdade é o único historiador, entre todos, que parece ter comentado o fato. Isso é ainda mais curioso porque é necessário ler apenas alguns volumes dos *cahiers* publicados para se descobrir que a exigência da extinção da taxa representativa que foi substituída pela *corvée* era gene-

ralizada. Isso aparece, por exemplo, em Autun (Desplaces de Charmasse, *Cahiers d'Autun*, pp. 53, 136), em Mirecourt, cidade da Lorena (Martin, *Cahiers de Mirecourt*, pp. 6, 12, etc.), no *bailliage* de Reims (Laurent, *Reims et la région rémoise*, p. 279), e *Paris hors murs* (Chassin, *Les élections et les cahiers de Paris*, IV, p. 468). As assembléias provinciais, na Alsácia e na Lorena, em 1789, favoreciam o trabalho de *corvée* contra a taxa (M. Marion, *Dictionnaire des institutions de la France auxs XVIIe et XVIIIe siècles*, 1923, p. 154), do mesmo modo que os *cahiers* do *bailliage* de Rouen (Bouloiseau, *Cahiers de Rouen*, II, pp. 300, 319). Somente em 1801, o *Conseil général* de Saône-et-Loire exigia o restabelecimento do trabalho *corvée* (Marion, *loc. cit.*). O fracasso de se explicar esse fato evidente ainda não constitui exemplo do efeito da teoria, elevada ao ponto de dogma incontestável, na interpretação da Revolução Francesa. Pois a extinção da *corvée* não representou apenas uma reforma, ela significou libertar o trabalho das obrigações costumeiras e colocá-lo livremente à disposição de uma economia de dinheiro. Nesse sentido, essa extinção foi parte inseparável da "revolução burguesa" e admitir a existência da oposição camponesa teria significado contestar a unidade essencial da Revolução. Além disso, é bem fácil de se ver que essa oposição não era feita por toda a população rural, mas sim pelos fazendeiros em melhor situação, que formavam na teoria consagrada a "burguesia rural" e cujos interesses supostamente se identificavam com os objetivos da revolução burguesa como um todo. Se, por outro lado, esquecermos a "revolução burguesa" e examinarmos os fatos, é óbvio que a preferência, em alguns *cahiers*, pelo trabalho de *corvée* não é, de jeito nenhum, curiosa. Os camponeses mais abastados — escreveu um engenheiro das *Ponts et chaussées*, em 1779 — faziam tudo o que podiam para evitar a criação de uma nova taxa, considerando que eles podiam ter serviços profissionais necessários realizados pela "classe mais miserável, que na maioria dos casos depende deles" (Marion, *loc. cit.*). Havia também queixas de que quantias de dinheiro provindas da *corvée* não eram gastas na construção ou no conserto das estradas principais (Bouloiseau, II, p. 338). Uma explicação possível para isso é a que se segue. Nas *généralités* da Normandia, pelo que parece, os intendentes estavam usando os trabalhos feitos nas estradas como um meio de oferecer empregos e, a fim de acrescentar recursos financeiros obtidos por meio de taxação, estavam pedindo contribuições à pequena nobreza. Em troca, o dinheiro foi gasto na construção ou nos melhoramentos feitos em estradas que davam acesso a seus castelos. (Devo essa informação ao dr. Olwen Hufton.) Havia também os pedidos costumeiros de que todos contribuíssem com a taxa, tanto as cidades quanto o campo. (Desplaces de Charmasse, p. 52; Bouloiseau, II, pp. 156, 176, 295); e também de que devesse ser cobrado apenas daqueles que usavam as estradas principais — os nobres, os burgueses ricos, os comerciantes, os transportadores, os proprietários de diligências — e não da gente do campo, que, conforme se disse, não viajavam por elas. (Laurent, p. 279; Bouloiseau, II, pp. 349, 373, 377, 403.)

25. Bouloiseau, *Cahiers de Rouen*, II, p. 382.
26. L. Dubreuil, *Histoire des insurrections de l'ouest*, 1929, I. p. 77; Loriquet, *Cahiers du Pas-de-Calais*, I, p. 456; Mège, *Cahiers d'Auvergne*, pp. 320, 348.
27. Loriquet, *Cahiers du Pas-de-Calais*, I, pp. 154, 217, 326, 454, etc. (ver índice); Mège, *Cahiers d'Auvergne*, p. 176.
28. Desplaces de Charmasse, *Cahiers d'Autun*, p. 101; V. Fourastié, *Cahiers de Cahors*, pp. 5, 100.
29. Savina et Bernard, *Cahiers de Quimper et de Concarneau*, I, pp. 132, 216, etc.
30. Mège, *Cahiers d'Auvergne*, pp. 145-6.
31. P. Boissonade, *Cahiers de doléances de la sénéchaussée d'Angoulême*, 1907, pp. 397, 424, 426.
32. C. Étienne, *Cahiers de doléances des bailliages des généralités de Metz et de Nancy*, 1912, II, p. 28.
33. Desplaces de Charmasse, *Cahiers d'Autun*, pp. 245, 246, 248; R. Picard, *Les cahiers de 1789*, p. 55, com referências a um grande número de *cahiers*.
34. A exploração das florestas em prejuízo dos camponeses era uma das reclamações mais comuns. A madeira vinha subindo de preço mais rápido do que qualquer outro artigo de primeira necessidade e, enquanto as florestas não eram arrendadas como uma *ferme*, o proprietário embolsava toda a diferença do preço. Labrousse, *Crise de l'économie française*, p. XXV. A restauração e a execução mais rigorosa dos direitos senhoriais eram também mais acentuadas no que dizia respeito às florestas. M. Duval, "Économie forestière et féodalité dans l'Ouest à la veille de la Révolution", *Annales de Bretagne*, LXIV, 1957, pp. 354-5. Os *cahiers* camponeses exigiam que o preço da madeira fosse fixado, *e. g.* Loriquet, *Cahiers du Pas-de-Calais*, I, pp. 162, 204, 248 e *passim*. Contudo, a reclamação mais generalizada dos camponeses era quanto ao *défrichement* — cerco e devastação — das florestas, *e. g.* Bligny-Bondurand, *Cahiers de Nîmes*, 1908, I, pp. 267, 360, 457. Isso privava os camponeses, segundo se reclamava, tanto do combustível quanto da pastagem para o gado, e devia ser proibido. Loriquet, *op. cit.*, I, p. 311; II, p. 166.

    Foi citado o caso da destruição de uma área considerável da floresta real que tinha fornecido à Bolonha e arredores suprimentos de madeira. Em 1780, uma única pessoa, sob o falso pretexto de que essa floresta não tinha valor e de que iria trazer da Inglaterra carneiros e construir uma fábrica de lã, obteve permissão para explorá-la. Loriquet, *op. cit.*, II, pp. 166, 173. Uma outra reclamação comum era quanto à exploração das florestas para fornecer combustível para fornos de fundição, *e. g.* Étienne, *Cahiers de Metz et de Nancy*, p. 50 e *passim*. O conflito de interesses entre os donos das florestas e os camponeses é exemplificado pela história da floresta de Paimport, na Bretanha. No meio do século XVII, um representante da pequena nobreza local adquiriu a floresta com o direito de estabelecer fundições (*forges*). A prosperidade dessas fundições data da reconstrução de Rennes depois do incêndio, em 1721. Os herdeiros dos fundadores das fundições ascenderam tanto no que diz respeito à riqueza quanto ao *status* social. Eles obtiveram cargos no parlamento de Rennes e um forte apoio nas cortes aos seus esforços, mais para o fim do século, no sentido de privar os camponeses de seus direitos costumeiros em relação à floresta. O começo da Revolução foi marcado por distúrbios agrários na região. Uma lei de 28 de agosto de 1792 restaurava os direitos comuns nas florestas, mas fez com que houvesse protestos por parte dos proprietários. Tais protestos receberam apoio das autoridades, que precisavam das fundições para a fabricação de suprimentos para a guerra. Assim, a Revolução completou a libertação da floresta em relação aos tradicionais direitos comuns e consolidou os interesses dos proprietários de terra. M. Denis, "Grandeur et décadence d'une forêt: Paimport en XVIe au XIXe siècles", *Annales de Bretagne*, LXIV, 1957, pp. 264-6.

No Norte, por outro lado, os camponeses invadiram as regiões das florestas em bandos armados, a fim de pegar madeira para servir de combustível ou em construções e de pastagem para o gado, apesar da oposição das autoridades locais. Em maio de 1793, os representantes em comissão deram permissão a eles para tirar o que quisessem das florestas por dez anos a partir daquele. Isso equivalia a entregar tudo a eles. As florestas foram devastadas e, segundo se disse, até mesmo as árvores de beira de estrada desapareceram. Lefebvre, *Paysans du Nord*, pp. 409-11.

35. Savina et Bernard, *Cahiers de Quimper et de Concarneau*, I, p. 66.
36. Picard, *Les cahiers de 1789*, pp. 178, 183.
37. Por meio de *métayage*, *cf.* Lefebvre, *Études*, pp. 163-4, 266; Boissonade, *Cahiers d'Angoulême*, p. 130.
38. *Cf. supra*, pp. 46-7.
39. A. F. Le Clerc, *Atlas du commerce*, 1786, p. 29: citado em R. Bigo, *Les Bases historiques de la finance moderne*, 1933, p. 200.
40. *Cf.* M. Vovelle, "Formes de dépendance d'un milieu urbain, Chartres à l'égard du monde rural", citado em *Annales historiques de la Révolution française*, n. 161, 1960; pp. 351-2.
41. M. Grant, *The World of Rome*, 1960, p. 103.
42. Bois, *Paysans de l'Ouest*, pp. 628-9.
43. E. Dumont, *Souvenirs sur Mirabeau*, org. J. Bénétruy, 1951, p. 100.
44. M. Garaud, *La Révolution et la propriété foncière*, p. 253.
45. Dubreuil, *Histoire des insurrections de l'ouest*, I, 60.
46. Bois, *Les Paysans de l'Ouest*, p. 657.
47. Lefebvre, *Paysans du Nord*, p. 682.
48. *Ibid.*, pp. 686, 690, 692.
49. R. Cobb, "L'armée révolutionnaire dans le district de Pontoise", *Annales historiques de la Révolution française*, n. 119, 1950, p. 217.
50. C. Tilly, "Some Problems in the History of the Vendée", *American Historical Review*, LXVII, 1961, pp. 28-9.
51. *Ibid.*, pp. 20-1.
52. Bois, *Les Paysans de l'Ouest*, p. 658.
53. Soboul, *Précis*, p. 247.

54. Bois, *Paysans de l'Ouest*, p. 608.
55. *Ibid.*, p. 621.
56. *Ibid.*, p. 182.
57. *Ibid.*, p. 603.
58. Reinhard, p. 76; *cf.* Bois, p. 601.
59. Michelet, citado em Bois, *Paysans de l'Ouest*, p. 602.

Capítulo 10 (pp. 92-101)

1. Lefebvre, *Paysans du Nord*, p. 34.
2. *Ibid.*, p. 274.
3. Lefebvre, *Annales historiques de la Révolution française*, n. 157, 1959, p. 281.
4. Lefebvre, *Études*, p. 215.
5. Labrousse, *La crise de l'économie française*, p. xxvii.
6. R. Mousnier et C. E. Labrousse, *Le XVIIIe siècle*, 1953, p. 354.
7. Ele acrescenta que havia também, vivendo no campo, burgueses que não eram agricultores, porém ele agrupa esses burgueses junto com os burgueses da cidade. Lefebvre, *Paysans du Nord*, p. 34, n. 2.
8. Lefebvre, *Études*, p. 242.
9. Cf. Plaisse, *La baronnie de Neubourg*, p. 554.
10. Soboul, *Précis*, p. 46.
11. Lefebvre, *Paysans du Nord*, p. 309.
12. *Ibid.*, pp. 377-8.
13. A. Soboul, *Les campagnes montpellérains*, revisto por E. le Roy Ladurie, *Annales historiques de la Révolution française*, n. 163, 1961, pp. 108-11.
14. Labrousse, *La crise de l'économie française*, p. xiv.
15. Lefebvre, *Paysans du Nord*, p. 412.
16. *E. g.* G. Bourgin, *Le Partage des biens communaux*, 1908, pp. 457, 464-5; Lefebvre, *Paysans du Nord*, p. 222; Sagnac et Caron, *Comités des droits féodaux*, p. 608; Loriquet, *Cahiers du Pas-de-Calais*, I, pp. 62, 204, e *passim*.
17. G. Lizerand, *Le régime rural de l'ancienne France*, 1942, p. 162.
18. *Ibid.*
19. S. Herbert, *The Fall of Feudalism in France*, pp. 50-1; *cf.* A. Plaisse, *La baronnie de Neubourg*, 1961, p. 561.
20. G. Bourgin, *Le Partage des biens communaux*, p. viii.
21. Lefebvre, *Études*, p. 260.
22. Soboul, *Précis*, p. 47.
23. *L'ancien moniteur*, XIII, p. 419.
24. Bourgin, *Le Partage des biens communaux*, p. 397.
25. Garaud, *La Révolution et la propriété foncière*, pp. 381-5.
26. Bourgin, *Le Partage des biens communaux*, pp. 75, 269-70.
27. R. Cobb, "Plaintes des paysans pauvres du Cantal (nivôse an III)", *Annales historiques de la Révolution française*, n. 163, 1961, pp. 99-101.

28. Bourgin, *Le Partage des biens communaux, passim.*
29. Lefebvre, *Paysans du Nord,* p. 86; Soboul, *Précis d'histoire de la Révolution française,* p. 168; Bourgin, *Le Partage des biens communaux* pp. 13, 30, 55, 86, 154, 186, 346, 351.
30. Bourgin, *Le Partage des biens communaux,* pp. 154-5, 159, 160, 162, 172, 311; F. Gerbaux et C. Schmidt, *Comités d'agriculture et de commerce,* I, pp. 389, 390, n. 1, 391.
31. Bourgin, pp. 9, 11, 56, 84, 591, 627.
32. *Ibid.,* pp. 411, 461, 464-5, 469, 518, 526-7, 529-30, 532, 540-1; 546-7; 633.
33. *Ibid.,* p. 396.
34. *Ibid.,* pp. 2, 3, 9, 37, 59, 126.
35. *Ibid.,* p. 446.
36. *Ibid.,* p. 482.
37. *L'ancien moniteur,* vol. XI, 20 de março de 1792, pp. 356-7.
38. Bourgin, pp. 661-88.
39. Soboul, "Sans-culottes des campagnes et bourgeoisie rurale", *Annales historiques de la Révolution française,* n. 147, 1957, p. 167.
40. Bourgin, *passim.*
41. *Ibid.,* p. 467.
42. Lefebvre, *Études,* p. 340.
43. Lefebvre, *Paysans du Nord,* p. 733.
44. *Ibid.,* p. 882; *Études,* p. 242.
45. Lefebvre, *Paysans du Nord,* p. 674.
46. Soboul, *Précis,* p. 156.

Capítulo 11 (pp. 102-110)

1. D. Guérin, "Bataille autour de notre mère", *La nouvelle réforme,* 1958, p. 196.
2. Guérin, *Bourgeois et "bras nus",* I, p. 100.
3. *Ibid.,* I, p. 347.
4. Soboul, *Les sans-culottes parisiens de l'an II,* 1958, p. 715.
5. G. Rudé, *The Crowd in the French Revolution,* 1959, p. 39.
6. R. R. Palmer, "Popular democracy in the French Revolution", *French Historical Studies,* I, 1960, pp. 465-6.
7. Rudé, *op. cit.,* p. 178.
8. *Ibid.,* p. 184.
9. *Ibid.,* p. 12.
10. A. Soboul, *Les sans-culottes parisiens de l'an II,* p. 427.
11. *Ibid.,* p. 431.
12. *Ibid.,* p. 442.
13. A. Soboul, "Problèmes du travail en l'an II", *Annales historiques de la Révolution française,* n. 144, 1956, p. 240.
14. *Ibid.,* p. 242.
15. Cobb, *Les armées révolutionnaires,* 1961, I, p. 203.

16. *Ibid.*, I, p. 358.
17. *Ibid.*, I, p. 55.
18. *Ibid.*, I, p. 47.
19. *Ibid.*, I, p. 54.
20. K. D. Tonnesson, *La défaite des sans-culottes*, 1959, p. xviii.
21. *Ibid.*, p. 358.
22. Soboul, *Les sans-culottes parisiens*, p. 454.
23. Soboul, "Problèmes du travail en l'an II", p. 241.
24. Soboul, *Les sans-culottes parisiens*, p. 473.
25. *Ibid.*, p. 168.
26. Cobb, *Les armées révolutionnaires*, I, p. 49.
27. Rudé, *The Crowd in French Revolution*, pp. 207-8.
28. *Ibid.*, p. 207.
29. *Ibid.*, p. 172.
30. *Ibid.*, p. 209.
31. *Ibid.*, pp. 190, 239.
32. *Ibid.*, p. 211; Soboul, *Les sans-culottes parisiens*, p. 160.
33. Rudé, *The Crowd in the French Revolution*, pp. 212-15.
34. *Ibid.*, pp. 86-7, 190, 197, 212.
35. G. Lefebvre, crítica de Soboul, "Les sans-culottes parisiens" in *Annales historiques de la Révolution française*, n. 156, 1959, pp. 171-2.
36. Soboul, *Les sans-culottes parisiens*, pp. 418-19.
37. *Ibid.*, p. 139.
38. *Ibid.*, p. 142.
39. *Ibid.*, p. 354.
40. *Ibid.*, p. 361.
41. *Ibid.*, p. 697 n.
42. *Ibid.*, p. 322.
43. *Manifesto Comunista*, 1848.
44. E. H. Carr, *What is History?*, 1961, p. 19.
45. *Ibid.*, pp. 132-3.
46. Devo a explicação que se segue a A. G. Meyer, em seu livro *Leninism*, 1957. Ver principalmente as pp. 29-33, 47, 108.
47. W. Markov, "Les 'Jacqueroutins'", *Annales historiques de la Révolution française*, n. 160, 1960, p. 181.

Capítulo 12 (pp. 111-119)

1. Picard, *Les cahiers de 1789*, p. 267, nesse sentido, cita Babeau, Du Cellier, Juarès e C. Bloch. Ele próprio contesta sua veracidade.
2. Cf. Lefebvre, *Paysans du Nord*, pp. 57-8.
3. F. Fournet, *La population du district de Caen sous le règne de Louis XVI*, pp. 32-3. Devo essa referência ao professor Alun Davies.
4. Bouloiseau, *Cahiers de Rouen*, I, p. cxxxix.
5. *Ibid.*, I, p. cxlviii.
6. *Cf.* Lefebvre, *Paysans du Nord*, p. 298.

7. Tiro essas afirmações do estudo do dr. Olwen Hufton sobre a cidade de Bayeux.
8. Lefebvre, *Paysans du Nord*, p. 298.
9. *Ibid.*, p. 293.
10. *Ibid.*, p. 298.
11. Bouloiseau, *Cahiers de Rouen*, II, pp. 239; *cf.* Lefebvre, *Paysans du Nord*, p. 299.
12. Loriquet, *Cahiers du Pas-de-Calais*, I, p. 224.
13. Desplaces de Charmasses, *Cahiers d'Autun*, pp. 42, 119, 193.
14. *Ibid.*, p. 110; Loriquet, I, p. 205; Bouloiseau, *Cahiers de Rouen*, II, p. 224.
15. Lefebvre, *Paysans du Nord*, p. 249.
16. *Ibid.*, pp. 300-1.
17. F. Mège, *Cahiers d'Auvergne*, p. 338.
18. Bouloiseau, *Cahiers de Rouen*, I, p. 152.,
19. *Ibid.*, p. 125.
20. V. Fourastié, *Cahiers de Cahors*, p. 118.
21. *Ibid.*, p. 119.
22. Loriquet, *Cahiers du Pas-de-Calais*, I, pp. 144-5.
23. Fourastié, p. 297. Desplaces de Charmasse, p. 23; Bouloiseau, *Cahiers de Rouen*, II, pp. 112, 132, 239.
24. Desplaces de Charmasse, p. 26 e *passim*.
25. *Ibid.*, pp. 323, 382; Bouloiseau, II, pp. 23, 240; Fourastié, p. 297.
26. Picard, *Les cahiers de 1789*, p. 217.
27. Chassin, *Élections et cahiers de Paris*, II, p. 402.
28. H. Sée, *Cahiers de Rennes*, I, p. xli.
29. Rouganne, "Observations réfléchies sur différentes motions de M. l'Évêque d'Autun, 1750". *Annales historiques de la Révolution française*, n. 135, 1954, pp. 177-8.
30. E. Bligny-Bondurand, *Cahiers de doléances de la sénéchaussée de Nîmes*, I, p. 34; Fourastié, p. 150; Bouloiseau, II, p. 119 e *passim*.
31. Bligny-Bondurand, I, p. 34; Fourastié, p. 318.
32. Fourastié, p. 267; Bouloiseau, II, p. 156, 167 e *passim;* Savina et Bernard, *Cahiers de Quimper et de Concarneau*, I, p. 256.
33. Bouloiseau, "Élections de 1789 et communautés rurales en Haute Normandie", *Annales historiques de la Révolution française*, n. 142, 1956, p. 42.
34. Cobb, *Les armées révolutionnaires*, I, pp. 156-7.
35. Loriquet, *Cahiers du Pas-de-Calais*, II, p. 105.
36. *Ibid.*, II, p. 179.
37. *Ibid.*, II, p. 187.
38. Gerbaux et Schmidt, *Procès-verbaux des comités d'agriculture et de commerce*, I, p. 498.
39. *Ibid.*, I, pp. 478, 512.
40. Boissonade, *Cahiers d'Angoulême*, pp. 259, 275.
41. Bouloiseau, *Cahiers de Rouen*, II, p. 236.
42. Fourastié, *Cahiers de Cahors*, p. 12.
43. Boissonade, p. 275; Fourastié, p. 150; Desplaces de Charmasse, p. 22.

44. Picard, *Les cahiers de 1789*, pp. 111-12.
45. *Ibid.*, p. 177.
46. Bligny-Bondurand, *Cahiers de Nîmes*, I, p. 443.
47. R. Bigo, *Les Bases historiques de la finance moderne*, p. 73.
48. *Ibid.*
49. Chassin, *Les élections et les cahiers de Paris*, II, pp. 37-8; III, p. 310.
50. *Ibid.*, II, p. 288.
51. *Ibid.*, II, pp. 410, 428, 454, 455, 476, 479, 522; III, pp. 404-5; IV, p. 159 Versalhes).
52. *Ibid.*, II, pp. 37-8; III, pp. 404-5.
53. *Ibid.*, II, p. 410; III, pp. 404-5.
54. *Ibid.*, II, pp. 410, 476, 522, 532.
55. *Ibid.*, II, p. 548.
56. Bigo, p. 74.
57. A. Babeau, *La ville sous l'ancien régime*, 1884, p. 72.
58. *Ibid.*, p. 62.
59. *Ibid.*
60. *Ibid.*, p. 60.
61. Chassin, *Cahiers de Paris*, I, p. 40.
62. *Ibid.*, I, p. 91.
63. *Ibid.*, II, pp. 305, 451, 478.
64. Bouloiseau, *Cahiers de Rouen*, I, p. lxxiii.
65. *Ibid.*, II, p. 125.
66. Laurent, *Reims et la région rémoise*, p. 126.
67. Savina et Bernard, *Cahiers de Quimper et de Concarneau*, I, p. lvii.
68. *Ibid.*
69. Cf. Bouloiseau, *Cahiers de Rouen*, II, p. 333.

Capítulo 13 (pp. 120-132)

1. H. Linguet, *Théorie des loix civiles ou principes fondamentaux de la société*, 1767, citado em J. Cruppi, *Un avocat journaliste au XVIIIe siècle: Linguet*, 1895, p. 164.
2. *Ibid.*, p. 166.
3. *Ibid.*, pp. 168-9.
4. Mège, *Cahiers d'Auvergne*, p. 194.
5. Boissonade, *Cahiers d'Angoulême*, pp. 157-8.
6. C. Étienne, *Cahiers de doléances des bailliages des généralités de Metz et de Nancy*, 1912, II, pp. 239-40.
7. Laurent, *Reims et la région rémoise*, p. 109.
8. Desplaces de Charmasse, *Cahiers d'Autun*, p. 163.
9. Savina et Bernard, *Cahiers de Quimper et de Concarneau*, I, p. 272.
10. Chassin, *Cahiers de Paris*, II, p. 96.
11. *Ibid.*, II, p. 65.
12. *Ibid.*, II, p. 457.

13. F. Grille, *Introduction aux Mémoires,* II, p. 203.
14. Fourastié, *Cahiers de Cahors,* pp. 279-80.
15. *Cf.* Forster, *Nobility of Toulouse,* p. 106.
16. Grille, *Introduction aux Mémoires,* II, p. 194 e s.
17. *Ibid.*
18. *Cf.* J. Bouchary, *Les Manieurs d'argent à la fin du XVIIIe siècle,* 3 vol., 1939, 1940, 1943.
19. Bouloiseau, *Cahiers de Rouen,* II, p. 308.
20. *Ibid.,* II, p. 340; Chassin, *Cahiers de Paris,* II, p. 472; IV, p. 14.
21. Jouanne, *Cahiers d'Alençon,* pp. 60-1.
22. Grille, *Introduction aux Mémoires,* II, pp. 311-12.
23. Bouloiseau, *Cahiers de Rouen,* II, p. 190; Bligny-Bondurand, *Cahiers de Nîmes,* I, pp. 205, 274.
24. Marquês de Ferrières, *Correspondance inédite,* p. 306.
25. Labasse, *Le commerce des soies à Lyon,* p. 31.
26. Rivarol, *Mémoires,* p. 181; citado em Bigo, *Les Bases historiques de la finance moderne,* p. 193.
27. Bouloiseau, *Cahiers de Rouen,* I, p. clxi.
28. Lefebvre, *Études,* p. 165.
29. J. Jaurès, *La Constituante (1789-1791),* pp. 220, 272, 276.
30. J. Egret, "La Prérévolution en Provence 1787-89", *Annales historiques de la Révolution française,* n. 135, 1954, p. 124.
31. *Ibid.*
32. Saint-Jacob, *Paysans de la Bourgogne,* p. 572.
33. Lefebvre, *Études,* p. 211.
34. *Ibid.*
35. *Cf.* Gerbaux et Schmidt, *Comités d'agriculture et de commerce.*
36. Chassin, *Les élections et les cahiers de Paris,* IV, p. 176.
37. *Ibid.*
38. Gerbaux et Schmidt, *Comités d'agriculture et de commerce,* I, p. 91; Chassin, *Les élections et les cahiers de Paris,* IV, pp. 175-6, 271; Bouloiseau, *Cahiers de Rouen,* II, pp. 250, 300, 350, 364, 370, 373, 385; Loriquet, *Cahiers du Pas-de-Calais,* II, p. 353.
39. Chassin, *Les élections et les cahiers de Paris, IV,* p. 175.
40. *Ibid.*
41. Bouloiseau, *Cahiers de Rouen,* I, p. cli.
42. Picard, *Les cahiers de 1789,* p. 45.
43. Rudé, *The Crowd in the French Revolution,* p. 39.
44. Lefebvre, *Paysans du Nord,* p. 652.
45. N. Hampson, *La marine de l'an II,* 1959, p. 48.
46. Lefebvre, crítica de P. Léon. *La naissance de la grande industrie en Dauphiné, Annales historiques de la Révolution française,* n. 140, 1955, pp. 289-90.
47. L. Scheler, *Lavoisier et la Révolution française,* II. *Le journal de Fougeroux de Bondaroy,* 1960, pp. 159-60.
48. Soboul, *Précis,* p. 157.
49. Jouanne, *Cahiers d'Alençon,* p. lxiii.

50. Bouloiseau, *Cahiers de Rouen*, I, pp. 62, 66 e *passim;* II, pp. 19, 21, 22, 34 e *passim;* Picard, *Les cahiers de 1789*, pp. 110-11; Chassin, *Les élections et les cahiers de Paris*, II, p. 484.
51. Bouloiseau, *loc. cit.*
52. Chassin, *Les élections et les cahiers de Paris*, II, p. 484.
53. Bouloiseau, *Cahiers de Rouen*, I, p. 114.
54. Sée, *L'évolution commerciale et industrielle*, pp. 310, 311, 315.
55. *Ibid.*
56. Savina et Bernard, *Cahiers de Quimper et de Concarneau*, pp. 231, 294, 300.
57. *Ibid.*, p. 304.
58. *Ibid.*, p. 79.
59. *Ibid.*, pp. 307-9.

Capítulo 14 (pp. 133-141)

1. G. Lefebvre, *Études Orléanaises*, i. *Contribution à l'étude des structures sociales à la fin du XVIIIe siècle* (1962).
2. *Cf. ibid.*, pp. 64-74.
3. *Ibid.*, pp. 66-7.
4. *Ibid.*, p. 66.
5. *Ibid.*, pp. 244, 255.
6. *Ibid.*, p. 24, n. 25; *cf.* pp, 23-4, 34.
7. *Ibid.*, p. 25.
8. *Ibid.*, pp. 21, 33.
9. *Ibid.*, pp. 64, n. 161.
10. *Ibid.*, p. 73.
11. *Ibid.*, p. 26.
12. *Ibid.*, p. 45.
13. *Ibid.*, p. 53.
14. *Ibid.*, pp. 35, 45.
15. *Ibid.*, p. 220.
16. *Ibid.*, p. 221.
17. *Ibid.*, p. 226.
18. *Ibid.*, p. 227.
19. *Ibid.*, p. 225.
20. *Ibid.*, p. 201.
21. *Ibid.*, p. 261.
22. Lefebvre, *Études*, p. 261.
23. *Ibid.*, p. 260.
24. Lefebvre, *Paysans du Nord*, pp. 738-40.
25. Lefebvre, "Le Mythe de la révolution française", pp. 344-5.
26. Lefebvre, *Études*, p. 261.

índice analítico e onomástico